Schilcher · Schilcher
Sachkundenachweis für
freiverkäufliche Arzneimittel

Sachkundenachweis für freiverkäufliche Arzneimittel in Fragen und Antworten

von Dr. Barbara Schilcher
Dozentin für Arzneimittelkunde
an der Reformhaus-Fach-Akademie Oberstedten

Prof. Dr. Dr. h.c. mult. Heinz Schilcher
Professor (ehem.) für Pharmazeutische Biologie an der
Freien Universität Berlin
Prüfer bei mehreren Industrie- und Handelskammern

5., völlig neu bearbeitete und erweiterte Auflage

WVG Wissenschaftliche Verlagsgesellschaft Stuttgart

Anschrift der Autoren

Dr. Barbara Schilcher
Prof. Dr. Dr. h.c. mult. Heinz Schilcher
Zaumberg 25

87509 Immenstadt/Allgäu

Bibliografische Information der Deutschen Bibliothek
Die Deutsche Bibliothek verzeichnet diese Publikation in der Deutschen Nationalbibliografie; detaillierte bibliografische Daten sind im Internet über http://dnb.d-nb.de abrufbar

5., völlig neu bearb. und erw. Auflage 2011

ISBN 978-3-8047-2868-4

Printed in Germany
Satz: Mitterweger & Partner GmbH, Plankstadt
Druck: Mercedes Druck, Berlin
Umschlaggestaltung: Atelier Schäfer, Esslingen

Vorwort zur 5. Auflage

Die 5. Auflage dieses Buches, die aufgrund der guten Erfahrungen bei den Prüfungsvorbereitungen und Prüfungen – ein Autor des Buches war von 1978 bis 2008 Prüfer – das bewährte *didaktische* Konzept beibehält, unterscheidet sich in fünf wesentlichen sachlichen Punkten von der 4. Auflage.

1. In der 5. Auflage sind in erster Linie die seit 1988 vorgenommenen zahlreichen *gesetzlichen Änderungen* berücksichtigt. Mehrere Arzneimittel sind zwischenzeitlich *apothekenpflichtig* geworden, beispielsweise die Anthranoid-Abführmittel, wie Sennesblätter, Faulbaumrinde u. a. Die *„traditionell angewendeten“* Arzneimittel nach § 109a AMG, die durch die 5. AMG-Novelle in das Arzneimittelgesetz neu mit aufgenommen worden sind und ab **April 2011** nicht mehr als **zugelassene**, sondern als **registrierte** traditionelle pflanzliche Arzneimittel nach § 39a–d AMG im Verkehr sind, können als weiteres Beispiel genannt werden.
2. Aufgrund der Prüfungserfahrungen in den letzten Jahren bei verschiedenen Prüfungseinrichtungen sind *neue Fragetypen,* insbesondere auch Multiple-Choice-Fragen, in Anlehnung an interne Fragenkataloge der Industrie- und Handelskammern mit aufgenommen worden.
3. Die Fragen der 4. Auflage wurden nicht nur in gesetzlicher Hinsicht überprüft, sondern auch im Hinblick auf ihre Praxisrelevanz einer kritischen Sichtung unterworfen und dementsprechend eliminiert oder umformuliert.
4. Mehr als bisher wurden *pädagogische Gesichtspunkte,* die sich bei den Prüfungsvorbereitungen durch einen der Autoren ergaben, berücksichtigt. Es wurde Wert darauf gelegt, den Stoff bei der Beantwortung der Fragen zu *erklären und zu vertiefen.* Es handelt sich also nicht um einen Fragen-Antworten-Katalog im herkömmlichen Sinne, sondern kann auch als Hand- und Lehrbuch bezeichnet werden.
5. Durch *Ergänzungen* wurde das Frage- und Antwortspektrum so vervollständigt, dass man sich, zusammen mit dem Buch „Freiverkäufliche Arzneimittel“ von Fresenius, Niklas, Schilcher, in der 7. Aufl. 2010, gut auf die Prüfung vorbereiten kann. Trotz 762 Fragen ist es selbstverständlich nicht möglich, sämtliche Fragen, die gemäß § 4 der Verordnung über den Nachweis der Sachkenntnis gestellt werden können, zu berücksichtigen.

Immenstadt, Frühjahr 2011 Dr. Barbara Schilcher
und Prof. Dr. Dr. h.c. mult. Heinz Schilcher

Abkürzungsverzeichnis

AMG (61)	1. Arzneimittelgesetz, verabschiedet 1961
AMG (76)	2. Arzneimittelgesetz, verabschiedet am 24. 8. 1976, verkündet im Bundesgesetzblatt am 1. 9. 1976, in Kraft getreten am 1. 1. 1978
BfArM	Bundesinstitut für Arzneimittel und Medizinprodukte
Ch. B.	Chargenbezeichnung
DAB	Deutsches Arzneibuch
EU	Europäische Union
HAB	Homöopathisches Arzneibuch
HWG	Heilmittelwerbegesetzbuch
I. E.	Internationale Einheiten
Ph. Eur.	Pharmacopoea Europaea, Europäisches Arzneibuch, 2011 = 6. Ausgabe mit 8 Nachträgen – Grundwerk = 2002
Reg. Nr.	Registriernummer
VO	Verordnung
Zul. Nr.	Zulassungsnummer

Inhaltsübersicht

I. Fragen

Die Fragen sind in die sieben Wissensgebiete der Prüfungsanforderungen gemäß § 4 der Verordnung über den Nachweis der Sachkenntnis im Einzelhandel mit freiverkäuflichen Arzneimitteln unterteilt.

1. Das Sortiment freiverkäuflicher Arzneimittel

Fragen zu Punkt 1 der Prüfungsanforderungen gemäß § 4 der Verordnung über den Nachweis der Sachkenntnis:

1. Wissensgebiet: „Es ist festzustellen, ob der Prüfungsteilnehmer das Sortiment freiverkäuflicher Arzneimittel übersieht."

1 Was versteht man unter dem Begriff „Arzneimittel"?

2 Was versteht man unter dem Begriff „Fertigarzneimittel"?

3 Was ist eine „Arzneispezialität" (AMG 1961)?

4 Was sind „fiktive Arzneimittel"?

5 Nennen Sie die Abgrenzung Lebensmittel/Arzneimittel, Kosmetikum/Arzneimittel, Medizinprodukte/Arzneimittel und Futtermittel/Arzneimittel.

6 Was verstehen Sie unter diätetischen Lebensmitteln?

7 Wie können Sie ein diätetisches Lebensmittel von einem Arzneimittel unterscheiden?

8 Was verstehen Sie unter dem Begriff „Stoffe" im Sinne des Arzneimittelgesetzes?

9 Nennen Sie einige Fertigarzneimittel der Anlage 1 a der Verordnung nach § 45 AMG 1976.

10 Sind einige Tüten Leinsamen, die im Voraus zur Abgabe an den Verbraucher abgefüllt wurden und mit der Deklaration: „Gegen Darmträgheit" versehen sind, bereits Fertigarzneimittel?

11 Dürfen Sie einzelne Drogen und Teemischungen im Voraus abfüllen?

12 Sind Vitaminkonzentrate für Tiere Arzneimittel oder Futtermittel?

13 Können Gegenstände, auf die ein arzneilich wirksamer Stoff aufgebracht ist, Arzneimittel sein?

14 Sind Verbandstoffe Arzneimittel?

15 In welchen Paragraphen ist im AMG 1976 das Sortiment freiverkäuflicher Arzneimittel festgelegt?
Was wird durch die dazugehörenden Rechtsverordnungen geregelt?

16 Was verstehen Sie unter einem Prophylaktikum, Heilmittel, Diagnostikum und Desinfektionsmittel?

17 Erläutern Sie kurz den Inhalt des § 44 AMG 1976.

18 Gibt es für die Freiverkäuflichkeit von Vorbeugungsmitteln irgendwelche Einschränkungen?

19 Ist ein Arzneimittel, das den Husten lindert, ein Vorbeugungs- oder ein Heilmittel?

20 Nennen Sie einige in der Praxis übliche Anwendungshinweise bei Prophylaktika (§ 44 Abs. 1).

21 Nennen Sie einige typische Vorbeugungsmittel des Marktes.

22 Was ist ein Mineralwasser, was ist ein Heilwasser?

23 Welche arzneilich wirksamen Bestandteile können in Heilwässern enthalten sein?

24 Sind Bad Emser Salztabletten freiverkäuflich?

25 Sind Karlsbader Salzdragees zur Beseitigung einer Verstopfung freiverkäuflich?

26 Was bedeutet der Begriff „enteisent"?

27 Gibt es für Heilwässer Einschränkungen der Freiverkäuflichkeit?

28 Was sind Peloide, Heilerde und Moore? Zu welchem Zweck werden sie angewendet?

29 Ist ein medizinischer Badezusatz, bestehend aus Pflanzenextrakten und ätherischen Ölen zur Linderung von Krankheiten freiverkäuflich?

30 Ist ein medizinischer Badezusatz zur Behandlung der Gicht freiverkäuflich?

31 Dürfen Sie Baldrianwein zur Linderung krankhafter Beschwerden abgeben?

32 Darf ein Einzelhandelskaufmann, der die „Sachkundeprüfung“ abgelegt hat, Kräutertee (z. B. gegen Husten) selbst zusammenmischen?

33 Gibt es Einschränkungen für die Freiverkäuflichkeit von Pflanzen und Pflanzenteilen?

34 Ist Misteltee freiverkäuflich, wenn er gegen zu hohen Blutdruck angepriesen wird?

35 Ist eine Leber-Gallentee-Mischung zur Beseitigung von Funktionsstörungen freiverkäuflich?

36 Nennen Sie einige Beispiele der Negativliste 1 b.

37 Ist ein Kräutertee, der Yohimbe enthält, freiverkäuflich?

38 Was versteht man unter einem Destillat?

39 Wie unterscheiden sich in der Zusammensetzung die Destillate des § 44 AMG 1976 von den Destillaten in der Verordnung zu § 45?

40 Sind Destillate, die aus Mischungen, verschiedener ätherischer Öle hergestellt werden, freiverkäuflich?

41 Unter welchen Voraussetzungen ist Melissengeist freiverkäuflich?

42 Werden die handelsüblichen „Melissengeister“ nur aus Melissenblättern hergestellt?

43 Charakterisieren Sie einen Pflanzenpresssaft im Sinne des § 44 AMG 1976.

44 Ist ein Weißdornpresssaft gegen Herzmuskelschwäche (Herzinsuffizienz) freiverkäuflich?

45 Gibt es freiverkäufliche Hustensäfte?

46 Sind Pflaster freiverkäufliche Arzneimittel? Nennen Sie Beispiele.

47 Was sind Wundschnellverbände?

48 Was versteht man unter einem Desinfektionsmittel?

49 Nennen Sie einige Desinfektionsmittel, die freiverkäuflich sind.

50 Ist Iodtinktur freiverkäuflich?

51 Was sind Mund- und Rachendesinfektionsmittel?

52 Was versteht man unter Positivlisten und zu welchem Paragraphen gehören sie?

53 Zu welcher Anwendung sind Arnikatinktur und Arnikasalbe freiverkäuflich?

54 Welche Unterschiede bestehen in der Freiverkäuflichkeit zwischen Baldriantinktur und Baldrianwein?

55 In welcher Form ist Eibischsirup freiverkäuflich?

56 Was ist Franzbranntwein und wozu wird dieses Arzneimittel verwendet?

57 Wozu dienen Fenchelhonig und Rosenhonig?

58 Was ist Bittersalz, was ist Glaubersalz und wozu werden beide Salze verwendet?

59 Nennen Sie ein fettes Öl der Anlage 1 a der Verordnung nach § 45, welches sowohl Arzneimittel als auch Lebensmittel sein kann.

60 Sind Mentholstifte zum äußerlichen Gebrauch freiverkäuflich?

61 In welcher Form ist Salicylsäure freiverkäuflich?

62 Was ist Pepsinwein?

63 Gibt es in der Anlage 1 a (Positivliste) Fertigarzneimittel, die zur Linderung des Hustens freiverkäuflich sind?

64 Dürfen Sie Mittel zur Vorbeugung von Eisenmangelanämie verkaufen?

65 Sind Trockendestillate als freiverkäufliche Arzneimittel erlaubt?

66 Welche besonderen Vorschriften gibt es für Dragees oder Tabletten, die aus Pflanzen und Pflanzenteilen hergestellt werden und zum Zweck der Linderung von Krankheiten freiverkäuflich sind?

67 Welche genauen Vorschriften gibt es für die freiverkäuflichen löslichen Teeaufgusspulver (Instant-Tees)?

68 Ist ein „Leber-Galle"-Instant-Tee zur Beseitigung von Leber-Galle-Funktionsstörungen freiverkäuflich?

69 Ist ein „Husten- und Brust-Tee" (Instant-Tee) mit acht Bestandteilen als Arzneimittel gegen Husten freiverkäuflich?

70 Ist ein „Magen"-Instant-Tee mit einem Auszug aus Tollkirschenblättern (= Belladonnablättern) als Bestandteil freiverkäuflich?

71 Wie werden die löslichen Teeaufgusspulver (Instant-Tees) hergestellt?

72 Was muss hinsichtlich der Zusammensetzung bei den löslichen Teeaufgusspulvern besonders beachtet werden?

73 Nennen Sie Drogen, die für freiverkäufliche „Husten"-Instant-Tees verwendet werden dürfen.

74 Nennen Sie Drogen, die für freiverkäufliche „Beruhigungs"-Instant-Tees verwendet werden dürfen.

75 Nennen Sie Drogen, die für freiverkäufliche Magen-Darm-Instant-Tees und für freiverkäufliche harntreibende Instant-Tees verwendet werden dürfen.

76 Welche Darreichungsform ist für Mittel gegen Husten oder Heiserkeit nach Anl. 2 a der Verordnung nach § 45 für freiverkäufliche Arzneimittel gestattet?

77 Ist für freiverkäufliche Abführmittel eine bestimmte Darreichungsform vorgeschrieben?

78 Nennen Sie Pflanzen oder Pflanzenteile, die laut Anlage 2 b in freiverkäuflichen Abführmitteln enthalten sein dürfen. Welche gesetzlichen Bestimmungen gibt es in diesem Bereich und was ergibt sich hieraus für die Praxis?

79 Ist Aloe-Extrakt für freiverkäufliche Abführmittel erlaubt?

80 Wie heißt die am häufigsten verwendete Substanz in Hühneraugenmitteln? In welcher Konzentration darf diese höchstens enthalten sein?
Nennen Sie weitere Substanzen der Anlage 2 c.

81 Sind die Substanzen der Anlage 2 c auch zur Anwendung gegen Warzen freiverkäuflich?

82 In der Verordnung nach § 45 sind auch Arzneimittel gegen Krankheiten bei Heimtieren freigegeben. Was versteht man unter „Heimtieren“? Ist für den Verkauf solcher Arzneimittel ein Sachkundenachweis erforderlich?

83 Wissen Sie etwas über den § 46 und die dazugehörende Rechtsverordnung?

84 Was versteht man unter der sogenannten „Krankheitsliste“?

85 Nennen Sie Ausnahmen der Krankheitsliste. Sind für diese Anwendungsgebiete freiverkäufliche Arzneimittel zulässig?

86 Dürfen Sie Abführmittel mit Sennesblätterextrakt in Zäpfchenform verkaufen?

87 Nennen Sie einige Darreichungsformen, für die Apothekenpflicht besteht.

88 Gilt die Krankheitsliste auch für Heilerden und Bademoore, die Sie im Geschäft verkaufen?

89 Gilt die Krankheitsliste auch für Heilerden und Bademoore, die in Kuranstalten verwendet werden?

90 Welche Wirkungen dürfen freiverkäufliche Arzneimittel nicht haben?

91 Sind Vaginalzäpfchen zur Schwangerschaftsverhütung freiverkäuflich? Nennen Sie weitere Mittel zur Schwangerschaftsverhütung.

92 Dürfen Stoffe und Zubereitungen der Anlage 1 a miteinander oder mit anderen Stoffen oder Zubereitungen gemischt werden?

93 In welcher Darreichungsform ist Knoblauch zur Linderung von Krankheiten und krankhaften Beschwerden freiverkäuflich?

94 Welche Salben sind als Heilmittel laut Anl. 1 a freiverkäuflich? Nennen Sie einige Anwendungsgebiete.

95 Was sind bedenkliche Arzneimittel?

96 Nennen Sie freiverkäufliche Tinkturen, die zur Linderung von krankhaften Beschwerden eingesetzt werden können.

97 Was verstehen Sie unter „Bearbeiten" eines Stoffes?

98 Sind Pflanzenpresssäfte, die aus Mischungen von Pflanzen oder Pflanzenteilen hergestellt werden, freiverkäuflich? Gilt das gleiche für Destillate?

99 Was versteht man unter „medizinischen Seifen"? Wozu werden sie verwendet?

100 Nennen Sie einige Arzneimittelgruppen, die aufgrund ihrer Wirkung grundsätzlich apothekenpflichtig sind.

101 Dürfen Sie Arzneimittel gegen folgende Krankheiten verkaufen?

a) Magen-Darm-Geschwür
b) Husten und Heiserkeit
c) allgemeine Arteriosklerose
d) Vitamin- und Mineralstoffmangel
e) Virusgrippe
f) Muskelrheumatismus
g) zu hohen und zu niedrigen Blutdruck
h) Magenschleimhautentzündung
i) Eisenmangelanämie

102 Ist Wacholderextrakt ein freiverkäufliches Arzneimittel? Nennen Sie die Anwendung und Anwendungsbeschränkungen.

103 Sind Zahnpasten, die auch zur Verhütung von Zahnfleischbluten bestimmt sind, Arzneimittel?

104 Sind Hunde- und Katzenhalsbänder zur Ungezieferbeseitigung Arzneimittel? Wenn ja, gibt es eine bestimmte Bezeichnung für diese Arzneimittelgruppe? Ist für den Verkauf ein Sachkundenachweis erforderlich?

105 Sind Rheumapflaster freiverkäuflich? Gibt es irgendwelche Einschränkungen?

106 Ist ein Mundwasser ein Arzneimittel oder ein Kosmetikum?

107 Wozu wird Myrrhentinktur verwendet?

108 Dürfen Sie Arzneimittel zur Vorbeugung von Eisenmangelanämie verkaufen? Kennen Sie entsprechende Präparate? Kann es bei der Einnahme zu unerwünschten Wirkungen kommen?

109 Nennen Sie einige freiverkäufliche Arzneimittel gegen Hühneraugen und Hornhaut. Ist ein Hornhauthobel ein Arzneimittel?

110 Dürfen Sie Abführmittel verkaufen? Nennen Sie einige Beispiele der Anlage 2 b.

111 Welche Abführdrogen sind seit 1990 nur noch in der Apotheke erhältlich? Was bewirken sie bei längerer Anwendung?

112 Nennen Sie sechs bekannte Drogen der Anlage 1 d, die einzeln zu Teeaufgusspulvern verarbeitet werden. Gibt es Beschränkungen hinsichtlich der Indikation?

113 Kennen Sie tierische Fette, die Arzneimittel sind? Sind tierische Fette in der Regel Arzneimittel oder was sonst?

114 Ist eine getrocknete und zerkleinerte Droge ein Stoff im Sinne des AMG § 76? Wie verhält es sich mit einer Mischung von getrockneten, zerkleinerten Drogen?

115 Sind Chinintabletten als Vorbeugungsmittel gegen Malaria freiverkäuflich?

116 Was sind Tonika? Sind sie mit Heilaussagen freiverkäuflich?

117 Nennen Sie einige Gruppen von Verbandstoffen. Sind sie Arzneimittel?

118 Welche freiverkäuflichen Mittel gegen Erkältungen dürfen Sie führen?

119 Sind Salben gegen Husten und Erkältungen (zum Einreiben der Brust) freiverkäuflich? Sind sogenannte Rheumasalben und Herzsalben freiverkäuflich?

120 Welche arzneilich wirksame Flüssigkeit ist nicht freiverkäuflich und warum nicht?
- 3 %iges Borwasser
- 7,5 %ige essigweinsaure Tonerdelösung
- 70 Vol.-% Alkohol oder Weingeist
- Hoffmannstropfen
- Franzbranntwein mit Fichtennadelöl
- offenes Rizinusöl

121 In welche drei Gruppen werden Arzneimittel eingeteilt?
a) freiverkäuflich, nicht freiverkäuflich, apothekenpflichtig
b) drogeriepflichtig, apothekenpflichtig, nicht freiverkäuflich
c) freiverkäuflich, drogeriepflichtig, verschreibungspflichtig
d) verschreibungspflichtig, apothekenpflichtig, freiverkäuflich

122 Welche Arzneimittel im Sinne des § 2 AMG dürfen außerhalb der Apotheken abgegeben werden?
a) Arzneimittel für die „erste Hilfe“
b) Arzneimittel mit verschreibungspflichtigen Stoffen
c) Arzneimittel, die die Aufschrift „Fertigarzneimittel“ tragen
d) Arzneimittel, die durch gesetzliche Bestimmungen (Verordnung mit Anlagen) für den Verkehr außerhalb der Apotheken freigegeben sind

123 Ist Natriumhydrogencarbonat als Mittel gegen Magenübersäuerung und Sodbrennen (Antazidum) freiverkäuflich?
a) Ja, in jeder Form, aber nur mit vorbeugenden Aussagen
b) Ja, als Salz eines natürlichen Mineralwassers
c) Ja, als Fertigarzneimittel in bestimmten Zubereitungsformen

124 Welche der folgenden Blattdrogen ist (sind) seit 1990 nur noch in Apotheken erhältlich?
a) Birkenblätter
b) Sennesblätter
c) Huflattichblätter
d) Orthosiphonblätter
e) Salbeiblätter

125 Welche der folgenden Blütendrogen ist nicht für den Verkehr außerhalb der Apotheke zugelassen?
a) Rainfarnblüten
b) Lindenblüten
c) Arnikablüten
d) Weißdornblüten
e) Holunderblüten

126 Welche der folgenden Krautdrogen ist nicht für den Verkehr außerhalb der Apotheke zugelassen?
a) Wermutkraut
b) Artischockenkraut
c) Schöllkraut
d) Goldrutenkraut
e) Johanniskraut

127 Welche der unten aufgeführten Öle sind Stoffe und welche sind Zubereitungen?
a) Anisöl
b) Rizinusöl
c) Weizenkeimöl
d) Lebertran
e) Johanniskrautöl

128 Was sind Generika bzw. Generics nach AMG 1961?
a) Arzneimittel gegen Alterserscheinungen
b) Arzneimittel, für deren Abgabe keine Sachkenntnis notwendig ist
c) generell alle Vorbeugungsmittel
d) Arzneimittel ohne besondere Bezeichnung (nur mit wissenschaftlicher oder allgemeiner Bezeichnung, z. B. Natriumhydrogencarbonat-Tabletten, Hustenpastillen)

129 Welche der unten angeführten Arzneimittel sind freiverkäuflich?
a) Hamamelissalbe gegen Hämorrhoiden
b) Ringelblumensalbe gegen Ekzeme und Wunden
c) Rheumasalbe
d) Arnikatinktur gegen Kreislaufstörungen (innerlich)
e) Eichenrinde gegen Frostbeulen
f) Teemischung gegen Virusgrippe

130 Welche der genannten Mittel können im Automatenverkauf angeboten werden?
a) Melissengeist
b) Vaginalgel zur Schwangerschaftsverhütung
c) Wundschnellverband
d) Hühneraugenpflaster
e) Arzneimittel für Zierfische
Sind dies alles Arzneimittel?

131 Sind Vitamin-C-Brausetabletten (1 g Vit. C pro Tablette) zur Linderung von Erkältungskrankheiten
a) apothekenpflichtig
b) freiverkäuflich (generell)
c) diätetisches Lebensmittel
d) freiverkäuflich als Fertigarzneimittel?

132 Welche der genannten Salze sind chemische Verbindungen im Sinne des AMG § 76?
a) Glaubersalz
b) Bittersalz
c) Emser Salz
d) Kochsalz
e) Karlsbader Salz

133 Welche der folgenden Bestimmungszwecke sind für freiverkäufliche Arzneimittel zulässig?
a) gegen Magenschleimhautentzündung
b) gegen Leberentzündung
c) zur Vorbeugung von Krampfadern
d) gegen funktionelle Herzbeschwerden
e) gegen Eisenmangelanämie

134 Welche der folgenden Stoffe oder Zubereitungen sind nicht für den Verkehr außerhalb der Apotheke freigegeben?
a) Anthrachinon
b) Senföl
c) Lebertran, flüssig
d) Vitamin-A-Kapseln mit 10 000 I. E.
e) Kieselsäure als Arzneispezialität
f) Borsäure als Arzneispezialität

135 Welches der folgenden Arzneimittel ist keine Zubereitung?
a) Hustentee
b) Baldriantropfen
c) Fachinger Wasser
d) Knoblauchkapseln
e) Pepsinwein

136 Kreuzen Sie die freiverkäuflichen Arzneimittel in der folgenden Liste an:
a) iodhaltiges Heilwasser
b) Sagrotan
c) Odol
d) Warzenmittel
e) vitaminisierte Bonbons mit Mindesthaltbarkeitsdatum
f) Heilerde
g) Iodtinktur

137 Welche Arzneimittel gegen Prostataleiden dürfen Sie führen?

138 Dürfen Frischpflanzenpresssäfte laut § 44 (2) zur Stabilisierung Alkohol enthalten? Sind überhaupt Lösungsmittel erlaubt?

139 Gelten für Heilwässer die gleichen Einschränkungen bezüglich der Anwendungsgebiete wie für alle anderen freiverkäuflichen Arzneimittel? Nennen Sie gegebenenfalls Ausnahmen.

140 Welche Krankheiten und Leiden beim Menschen schließen Arzneimittel von der Freiverkäuflichkeit aus?
a) Rheuma
b) Eisenmangelanämie
c) organische Krankheiten des Nervensystems
d) Magenübersäuerung
e) Mineralstoffmangel
f) Unruhezustände
g) allgemeine Arteriosklerose
h) Frostbeulen

141 Was ist Emser Salz und wozu wird es verwendet?

142 Ist Emser Salz ohne Sachkenntnis freiverkäuflich?

143 Welche Salbe ist nicht freiverkäuflich?
a) Kortisonsalbe
b) Kamillensalbe
c) Kühlsalbe
d) Pappelsalbe

144 Kombinieren Sie folgende Fragen und Antworten:
Was ist Rohrzucker (**1**), was ist Fruchtzucker (**2**)?
a) ein apothekenpflichtiges Arzneimittel
b) ein freiverkäufliches Arzneimittel
c) ein kosmetisches Mittel
d) ein diätetisches Lebensmittel
e) ein sonstiges Lebensmittel

145 Ist Tamarindenmus als Abführmittel
a) ein apothekenpflichtiges Arzneimittel
b) ein freiverkäufliches Arzneimittel
c) ein kosmetisches Mittel
d) ein diätetisches Lebensmittel
e) ein sonstiges Lebensmittel

146 Was ist reiner Lebertran in flüssiger Form?
a) ein apothekenpflichtiges Arzneimittel
b) ein freiverkäufliches Arzneimittel
c) ein kosmetisches Mittel
d) ein diätetisches Lebensmittel
e) ein sonstiges Lebensmittel

147 Welche der genannten Fertigarzneimittel sind als „Heilmittel“ freiverkäuflich?
a) Kochsalzampullen
b) Fangopackung, Heilerde
c) Karlsbader Salz Dragees
d) Warzentinktur
e) Glycerinzäpfchen bzw. andere Abführzäpfchen

148 Welche Arzneimittel sind als Fertigarzneimittel mit Heilaussagen freiverkäuflich?
a) Blasentangpräparat gegen Fettsucht
b) Iodtinktur 10 %
c) iodhaltiges Heilwasser
d) Mischung geschnittener Pflanzen
e) Zinkpaste
f) Peloide für Bäder und Packungen, Heilerde

149 Welche der genannten Fertigarzenimittel sind **ohne** Sachkundenachweis freiverkäuflich?
a) Teemischungen
b) Baldriantropfen
c) Hühneraugenpflaster
d) Kamillenblüten
e) Thymian-Presssaft
f) Holundersirup
g) Fachinger Wasser
h) Emser Salz

150 Welche Arzneimittel dürfen nur **mit** Sachkundenachweis verkauft werden?
a) Emser Salz echt oder künstlich als Fertigarzneimittel
b) Baldriantropfen
c) Pfefferminzblätter als Fertigarzneimittel
d) Fachinger Wasser
e) Frischpflanzenpresssäfte
f) Desinfektionsmittel zum äußeren Gebrauch
g) Franzbranntwein
h) Floh-Halsband für Hunde und Katzen

151 Wozu können freiverkäufliche Arzneimittel **nicht** dienen?
a) Beseitigen von Krankheitserregern
b) Vorbeugen von Krankheiten
c) Erkennen eines Körperzustandes
d) Vorbeugen von Krebs
e) Heilung von Magengeschwüren
f) Beseitigen von Bandwürmern
g) Vorbeugen von Schuppenflechte

152 Welche Produkte sind **keine** kosmetischen Mittel?
a) Enthaarungsmittel
b) Alkohol zum Desinfizieren
c) Erkältungsbad
d) Nagelhärter
e) Haftcreme für Zahnprothesen
f) Hühneraugentropfen
g) Kamillensalbe
h) Zahnpasta gegen Zahnfleischbluten

153 Welche Produkte sind **keine** Arzneimittel?
a) Verbandwatte
b) Sprühpflaster
c) Schwangerschaftstest
d) Hühneraugenpflaster
e) Sauna-Aufgussöl
f) Früchtetee für Säuglinge
g) Salbeiblätter zum Gurgeln gegen Halsentzündung
h) Ginsengtonikum

154 Welche der genannten Arzneimittel sind apothekenpflichtig?
a) Zinkpaste
b) Ethanol-Wasser-Gemische
c) Seifenspiritus
d) Borsalbe
e) Schöllkraut
f) Rizinusöl
g) Senföl

155 Welche freiverkäuflichen Arzneimittel sind gegen Husten zu empfehlen?
a) Bärentraubenblätter
b) Süßholzwurzel
c) Petersilienwurzel
d) Enzianwurzel
e) Eibischsirup

f) Rosenhonig mit Borax
g) Primelwurzel
h) Melissenblätter

156 Wann ist ein Fertigarzneimittel gegen Hühneraugen und Hornhaut freiverkäuflich?
a) wenn es nicht mehr als 7 Stoffe der Anlage 1 c enthält
b) wenn es mindestens 10 % Milchsäure enthält
c) wenn es als Tinktur mit mehr als 40 % Salicylsäure hergestellt ist
d) wenn es auch gegen Warzen wirksam ist
e) wenn es ausschließlich Stoffe der Positivliste Anlage 2 c enthält

157 Welche Tinkturen sind apothekenpflichtig?
a) Myrrhentinktur
b) Ratanhiatinktur
c) Belladonnatinktur
d) Arnikatinktur
e) Enziantinktur
g) Benzoetinktur
h) Rhabarbertinktur
i) Nelkentinktur

158 Essigweinsaure Tonerde ist ein
a) apothekenpflichtiges Arzneimittel
b) freiverkäufliches Arzneimittel
c) kosmetisches Mittel
d) diätetisches Lebensmittel
e) normales Lebensmittel

159 Kombinieren Sie die Begriffe
Fachinger Wasser (**1**), Vitamin-C-Tabletten zur Vorbeugung von Erkältungskrankheiten (**2**), Pepsinwein (**3**), Fenchelhonig (**4**)
a) apothekenpflichtiges Arzneimittel
b) freiverkäufliches Arzneimittel
c) kosmetisches Mittel
d) diätetisches Lebensmittel
e) normales Lebensmittel

160 Für welche Krankheiten und Leiden beim Menschen dürfen Sie freiverkäufliche Arzneimittel **nicht** verkaufen?
a) Durchblutungsstörungen
b) Ernährungskrankheiten des Säuglings

c) Vitaminmangel
d) Darmträgheit
e) Unruhezustände
f) Magenübersäuerung
g) Einschlafstörungen
h) Wurmkrankheiten
i) Venenentzündung
k) Frostbeulen

161 Für welche Krankheiten dürfen Sie freiverkäufliche Arzneimittel verkaufen?
a) allgemeine Arteriosklerose
b) Fettstoffwechselstörungen
c) Eisenmangelanämie
d) Gerstenkorn
e) Bluthochdruck
f) Vitaminmangel
g) Prostatavergrößerung
h) Blasenentzündung
i) Ekzeme
k) Lebererkrankungen

162 Welche löslichen Teeaufgusspulver sind als „Heilmittel" **nicht** freiverkäuflich?
Tees mit dem Anwendungsgebiet:
a) harntreibender Tee
b) Magen- und Darmtee
c) Nieren- und Blasentee
d) Beruhigungstee
e) Husten- und Brusttee
f) Leber- und Galletee
g) Bronchialtee
h) entwässernder Tee

163 Welche löslichen Teeaufgusspulver sind als „Heilmittel" freiverkäuflich?
a) Darmtee
b) Schlaftee
c) Magentee
d) Lebertee
e) Brusttee
f) Hustentee
g) Rheumatee

164 Welche arzneilich wirksame Flüssigkeit ist als „Heilmittel" freiverkäuflich?
a) 20 %iger Salmiakgeist
b) Fenchelhonig mit 40 % Honig
c) Fichtennadelspiritus mit 70 % Alkohol
d) 10 %ige Iodtinktur
e) Franzbranntwein mit 38 %igem Weingeist

165 Welche Artikel sind **keine** diätetischen Lebensmittel?
a) Fencheltee zur Beruhigung
b) Leinsamen gegen Darmträgheit
c) Eiweißtrunk
d) „Buerlecithin"
e) Weizenkleie
f) Vitamin-C-Tabletten zur Vorbeugung von Erkältungskrankheiten
g) Süßstoffe
h) Heilnahrung für Säuglinge
i) Hipp Fertiggerichte für Kleinkinder

166 Welches Produkt ist ein **kosmetisches** Erzeugnis?
a) Franzbranntwein
b) Shampoo gegen Läuse
c) Zahnpasta
d) Creme gegen Fußpilz

167 Welches Arzneimittel darf sich **nicht** in Ihrem Sortiment befinden?
a) Reiner Fruchtzucker
b) Dragees oder Tabletten mit Aloe-Extrakt oder Sennesblätterpulver
c) Heilerde in Kapseln
d) Heilkräuter-Teemischungen

168 Welches Arzneimittel dürfen Sie **nicht** verkaufen?
a) Borsalbe
b) Hoffmannstropfen
c) Campherspiritus
d) Lactose (Milchzucker)

2. In freiverkäuflichen Arzneimitteln verwendete Pflanzen, Chemikalien und ihre Darreichungsformen

Fragen zu Punkt 2 der Prüfungsanforderungen gemäß § 4 der Verordnung über den Nachweis der Sachkenntnis:

2. Wissensgebiet: „Es ist festzustellen, ob der Prüfungsteilnehmer die in freiverkäuflichen Arzneimitteln üblicherweise verwendeten Pflanzen und Chemikalien sowie die Darreichungsformen kennt."

1 Was verstehen Sie unter Drogen?

2 Was verstehen Sie unter Drogenwirkstoffen? Nennen Sie einige Beispiele.

3 Was sind ätherische Öle?

4 Was sind Flavonoid-Drogen?

5 Nennen Sie Beispiele für Anthrachinon-Drogen.

6 Was ist bei Bitterstoff-Drogen zu beachten?

7 Nennen Sie Beispiele für Schleimstoff-Drogen.

8 Was sind Gerbstoffe?

9 Welche Eigenschaften besitzen Saponin-Drogen.

10 Welche der hier aufgeführten Drogen wirken schweißtreibend?
a) Wollblumen
b) Kamillenblüten
c) Salbeiblätter
d) Holunderblüten

e) Eibischwurzeln
f) Echinaceakraut
g) Lindenblüten

11 Ordnen Sie folgende Drogen den entsprechenden Wirkungen zu:
Wie wirkt Brennnesselkrauttee (1), Kamillentee (2), Leinsamen (3), Passionsblumenkraut (4)
a) beruhigend
b) abführend
c) harntreibend
d) entzündungshemmend
e) kreislaufstärkend

12 Wie wirken Zubereitungen aus Weißdornblättern mit -blüten?
a) beruhigend
b) abführend
c) harntreibend
d) entzündungshemmend
e) herz- und kreislaufstärkend

13 Welche Droge kann als Mund- und Rachendesinfektionsmittel verwendet werden?
a) Birkenblätter
b) Pfefferminzblätter
c) Salbeiblätter
d) Sennesblätter
e) Bärentraubenblätter

14 Sind wildgesammelte Drogen qualitativ besser als Drogen, die aus Arzneipflanzenkulturen stammen?

15 Nennen Sie Vorteile des Arzneipflanzenanbaues.

16 Welche Drogen stammen vorrangig aus Wildsammlungen? Nennen Sie einige Beispiele.

17 Welche Droge darf nicht in einem freiverkäuflichen Tee enthalten sein? Wo steht das?
a) Löwenzahnkraut mit Wurzel
b) Artischockenkraut
c) Johanniskraut
d) Jakobskreuzkraut
e) Mariendistelfrüchte
f) Kalmuswurzelstock

18 Nennen Sie Drogen, die in freiverkäuflichen Venenmitteln und in freiverkäuflichen Herzmitteln häufig Verwendung finden. Ist ein Venen-Tonikum zur Beseitigung einer Venenerkrankung freiverkäuflich?

19 Wie prüfen Sie die Qualität von Leinsamen?

20 Wirkt bei einer Darmträgheit ganzer oder geschroteter Leinsamen besser?

21 Dürfen Sie Leinsamen schroten und als Arzneimittel abgeben?

22 Wie lange ist geschroteter Leinsamen haltbar?

23 Gibt es im Arzneibuch eine Vorschrift bezüglich zerkleinerten Leinsamens?

24 In welchen Arzneimitteln sind Sennesblätter enthalten? Sind Sennesblätter völlig unschädlich? Nennen Sie weitere Drogen, die für den gleichen Zweck benutzt werden. Sind sie freiverkäuflich?

25 Nennen Sie einige Drogen für medizinische Badezusätze und ihre Anwendungsgebiete.

26 Nennen Sie mindestens 5 Bestandteile von Erkältungsbädern.

27 Nennen Sie freiverkäufliche Arzneimittel oder andere Mittel gegen kurzfristigen Durchfall.

28 Wozu werden Baldrianwurzeln verwendet? Nennen Sie Drogen, die für ähnliche Zwecke Verwendung finden.

29 Welche Dosierungsempfehlung geben Sie für Baldriantinktur?

30 Was ist „ätherische" Baldriantinktur?

31 Dürfen Sie Baldrianwein als „Heilmittel" abgeben?

32 Wie unterscheiden sich Baldrianwein und Baldriantinktur?
Nennen Sie weitere Arzneiweine und beschreiben Sie kurz die Wirkstoffe und Wirkungen.

33 Wie hoch ist in etwa der Alkoholgehalt in Medizinalweinen?

34 Worin unterscheidet sich der „Arznei-Hopfen" vom „Brauerei-Hopfen"?
In welchen Teilen der „Hopfenzapfen" sind die meisten Wirkstoffe enthalten?
Sind Dragees, die Hopfen- und Baldrianextrakt enthalten, freiverkäuflich? Mit welchen Aussagen?

35 Was versteht man unter „Rotöl“? Welche Pflanzenteile werden zu seiner Gewinnung verwendet? Womit werden diese ausgezogen (extrahiert) und wozu wird das Produkt verwendet? Sind Heilaussagen zulässig?

36 Welche Wirkung besitzt Johanniskrauttee?
Nennen Sie weitere Pflanzen, die für ähnliche Zwecke in freiverkäuflichen Produkten Verwendung finden.

37 Wie sieht minderwertige Johanniskrautdroge aus?

38 Welche Wirkung besitzen Thymianzubereitungen?

39 Woran erkennen Sie Thymiankraut?

40 Woran erkennen Sie Süßholzwurzel?

41 Was ist Lakritze?

42 Was versteht man unter Salmiakpastillen? Sind sie freiverkäuflich? Wenn ja, zu welchem Zweck?

43 Was muss bei der Zubereitung eines Tees aus Eibischwurzeln beachtet werden?

44 Was versteht man unter „geschönten“ Eibischwurzeln?

45 Welche Wirkung besitzen Spitzwegerichzubereitungen?

46 Darf Spitzwegerich-Pflanzenpresssaft gegen Husten verkauft werden?

47 Welche Droge darf nicht in einem freiverkäuflichen Hustentee enthalten sein (Teemischung)?
a) Primelwurzeln und -blüten
b) Wollblumenblüten
c) Huflattichblätter
d) Besenginsterblüten
e) Zwiebeln

48 Von welchen Lindenarten stammen die arzneilich verwendeten Lindenblüten? Welche Lindenart darf nur für Lebensmittelzwecke verwendet werden? Wie werden Lindenblüten verwendet?

49 Welche Droge besitzt eine schweißhemmende Wirkung?
a) Eichenrinde
b) Weidenrinde

c) Salbeiblätter
d) Lindenblüten
e) Holunderblüten

50 Welche Drogen wendet man zur Steigerung der körpereigenen Abwehr an?

51 Was können Sie über Sonnenhut (Echinacea) berichten?

52 Wie wirken Auszüge aus Weißdornblättern und -blüten?

53 Darf ein Weißdornpresssaft gegen zu hohen Blutdruck empfohlen werden?
Darf ein Weißdorntee gegen zu niedrigen Blutdruck empfohlen werden?

54 Sind Bohnenschalen und Löwenzahnwurzeln zur Blutzuckersenkung geeignet? Welche weiteren Drogen können Sie für diesen Zweck empfehlen?

55 Woran erkennen Sie Rosmarinblätter? Welche Wirkung besitzen sie? Nennen Sie Präparate.

56 Ist Mistelkraut zur Behandlung von Bluthochdruck geeignet?

57 Wie sieht Mistelkraut aus?

58 Was wissen Sie über Ginseng?

59 In welche Stoffgruppe gehören die Wirkstoffe der Enzianwurzeln? Wie wirken sie?

60 Nimmt der Bitterwert zu, wenn Enzianwurzeln eine längere Zeit gekocht werden, oder nimmt er ab?

61 Woran erkennen Sie die „echten“ Kamillenblüten?

62 Welche Inhaltsstoffe sind in Kamillentee und welche in alkoholischer Kamillentinktur enthalten?

63 Wie wird Kamillenöl gewonnen?

64 Wie heißt der Kamilleninhaltsstoff, der das ätherische Kamillenöl blau färbt?

65 Nennen Sie weitere wichtige Inhaltsstoffe in den Kamillenblüten.

66 Entsprechen die Fenchelfrüchte, die Sie im Drogenhandel beziehen können, immer den Anforderungen des Arzneibuches?

67 Welche zwei Salbeiarten werden als Arzneidrogen gehandelt?

68 Dürfen Sie beliebig die beiden unterschiedlichen Salbeidrogen austauschen und auf der für den Verbraucher bestimmten Packung als „Salbei" deklarieren?

69 Welche Inhaltsstoffe sind im Wesentlichen in einem Salbeitee und welche in einer alkoholischen Salbeitinktur enthalten?

70 Woran erkennen Sie Pfefferminzblätter?

71 Was kann bei einem Pfefferminzfeinschnitt (Filteraufgussbeutel) mitverarbeitet sein?

72 Gibt es bei Kamillenaufgussbeuteln qualitative Unterschiede, welche?

73 Ist das „Japanische" oder das „Chinesische Pfefferminzöl" identisch mit dem ätherischen Öl aus der Arzneibuch-Pfefferminze (Pfefferminzblätter DAB)?

74 Worauf muss bei Melissenblättern geprüft werden und warum?

75 In welche Stoffgruppe gehören die Wirkstoffe des Tausendgüldenkrautes?

76 Welche zwei Wirkstoffgruppen sind im Wermutkraut enthalten?

77 Kann man alkoholische Wermutzubereitungen über längere Zeit einnehmen?

78 Kann Wermuttee über längere Zeit eingenommen werden?

79 Bei welchen Beschwerden kann Löwenzahnkraut mit -wurzeln eingenommen werden (als Tee oder als Frischpflanzenpresssaft)?

80 Welche Wirkung besitzt Birkenblättertee? Nennen Sie Drogen mit ähnlicher Wirkung.

81 Was verstehen Sie unter dem volkstümlichen Begriff der sogenannten „Blutreinigungskur"?

82 Welche Drogen oder Frischpflanzenpresssäfte können Sie für eine „Frühjahrskur" empfehlen?

83 Darf ein Glaubersalz als Blutreinigungsmittel empfohlen werden?

84 Welche der folgenden Arzneidrogen gehören nicht in einen Blasen- und Nierentee?
a) Sennesschoten
b) Tausendgüldenkraut
c) Lavendelblüten
d) Goldrutenkraut
e) Birkenblätter
f) Hauhechelwurzel

85 Das Schachtelhalmkraut muss gründlich auf Identität geprüft werden, warum?

86 Können Wacholderölkapseln längere Zeit eingenommen werden?

87 Gibt es für die Einnahme von Wacholderölkapseln Kontraindikationen (Gegenanzeigen)?

88 Hat eine Zubereitung aus Wacholderbeeren, bei der das nierenreizende ätherische Öl enfernt wurde, noch eine harntreibende Wirkung?

89 Woran erkennen Sie Brennesselkraut und welche Wirkung besitzen Zubereitungen aus Brennesselkraut?

90 Wie muss der Harn beschaffen sein, damit Bärentraubenblätter eine desinfizierende Wirkung entfalten können? Welche Empfehlung geben Sie?
Dürfen Sie Bärentraubenblätter bei Blasenentzündung empfehlen?

91 Warum empfiehlt es sich, bei Bärentraubenblättern einen Kaltansatz zu machen?

92 Welche zwei großen Unterschiede gibt es bei Kürbissamen des Handels?

93 Sind alle Kürbissamen des Handels von gleicher arzneilicher Bedeutung?

94 Woran erkennen Sie Ringelblumen und wozu werden Ringelblumenzubereitungen verwendet?

95 Darf Ringelblumensalbe zur Behandlung von Krebserkrankungen empfohlen werden? Darf sie zur Behandlung von Wunden empfohlen werden?

96 Werden Zubereitungen aus Arnikablüten vorwiegend innerlich oder äußerlich angewendet?

97 Dürfen Sie Arnikatinktur auch gegen Herz- und Kreislaufbeschwerden zur inneren Anwendung empfehlen?

98 Welche Nebenwirkungen können bei der äußerlichen Verwendung von Arnikatinktur auftreten?

99 Welche Wirkung besitzen Beinwellwurzel-Zubereitungen?

100 Wissen Sie etwas über schädliche Inhaltsstoffe der Beinwellwurzeln?

101 Woran erkennt man ätherische Öle?
a) Sie sind mit Wasser kaum mischbar
b) Sie sind geruchlos
c) Sie verdunsten ohne Rückstand
d) Einatmen größerer Mengen narkotisiert, wie bei Ether
e) Flecken sind nur mit Äther zu entfernen

102 Nennen Sie die Verwendung von Anisöl, Eucalyptusöl, Fenchelöl und Thymianöl.

103 Nennen Sie die Verwendung von Fichtennadel- und Kiefernnadelöl.

104 Woran können Sie Krausminzeöl von Pfefferminzöl unterscheiden?

105 Sind Salben gegen Husten und Erkältung freiverkäuflich? Welche Inhaltsstoffe können enthalten sein?

106 Welche spezifische Wirkung besitzt das Nelkenöl?

107 Wozu verwendet man Rosmarinöl?

108 Wozu verwendet man Salbeiöl?

109 Kennen Sie den Unterschied von Zitronenöl und Zitronellöl?

110 Woran erkennen Sie feucht gelagerte Leinsamen?

111 Wozu wird Rizinusöl verwendet und wie wird es hergestellt?

112 Nach wievielen Stunden muss man nach der Einnahme von Rizinusöl mit der Wirkung (in etwa) rechnen?
a) nach 2 Stunden
b) nach 8 Stunden
c) nach 16 Stunden

113 Was versteht man unter Ethanol-Wasser-Gemischen?

114 Was sind „Hoffmannstropfen“? Eine Mischung aus
a) Alkohol und Wasser
b) Ether und Wasser
c) Ether und Alkohol
d) Ether
e) Alkohol und Glycerin
Sind sie zur Linderung krankhafter Beschwerden freiverkäuflich?

115 In welchen Fertigarzneimitteln ist Benzocain enthalten?

116 Was ist Salmiakgeist und dürfen Sie diesen in „Lebensmittelflaschen“ abgeben?

117 Wozu wird Ammoniumchlorid verwendet?

118 Welche der folgenden Substanzen werden wegen ihrer abführenden Wirkung verwendet?
a) Natriumhydrogencarbonat
b) Milchzucker
c) Tragant
d) Ammoniumchlorid
e) Natriumchlorid
f) Bittersalz

119 Was ist Bromelain?

120 Wozu wird Fructose verwendet?

121 Was ist Glaubersalz und wozu wird es verwendet?

122 Was ist Glycerin und wozu wird es verwendet?

123 Was ist Milchzucker und wozu wird er verwendet?

124 Nennen Sie grob die physiologischen Bedeutungen von Natrium, Kalium, Calcium und Magnesium.

125 Was ist Papain?

126 Darf Paraffinöl in freiverkäuflichen Abführmitteln enthalten sein?

127 Dürfen Sie Salicylsäure zur Konservierung von Marmelade abgeben?

128 Sind Kopfschmerzmittel, die Salicysäureester enthalten, freiverkäuflich?

129 Was ist Sorbit und wozu dient er?

130 Was sind „Spurenelemente"? Nennen Sie Beispiele.

131 Welche Funktion besitzt das Eisen im menschlichen Organismus?

132 Darf ein eisenhaltiges Tonikum zur Beseitigung einer Eisenmangelanämie außerhalb der Apotheke empfohlen werden? Gilt das Gleiche für Chinawein mit Eisen?

133 Wie äußert sich häufig ein Iodmangel?

134 Wie unterscheiden sich gelbe Vaseline und weiße Vaseline? Wozu werden sie verwendet? Wie werden sie gewonnen?

135 In welche zwei große Gruppen teilt man die Vitamine ein?

136 Gibt es Vitamine, bei denen eine Überdosierung beachtet werden muss?

137 Nennen Sie die für freiverkäufliche Arzneimittel gestattete Tageshöchstmenge für Vitamin A und Vitamin D.
Nennen Sie ein Öl, das zur Einhaltung dieser Höchstdosis nur in ganz geringen Mengen genommen werden darf. Ist dieses Öl freiverkäuflich?

138 Welche Wirkungen besitzen Vitamin A und Vitamin D?

139 Welche Wirkung besitzt Vitamin E?

140 Welche physiologische Bedeutung besitzen die Vitamine B_1, B_2, Nicotinsäureamid, Pantothensäure, B_6, Folsäure und B_{12}?

141 In welchen Nahrungsmitteln kommen die B-Vitamine vor? Wie wird Hefe arzneilich verwendet?

142 Wie wirkt Vitamin C im Körper und in welchen Nahrungsmitteln kommen größere Mengen von Vitamin C vor?
Nennen Sie eine andere Bezeichnung für Vitamin C.

143 Beschreiben Sie den Unterschied zwischen einer Ganzdroge, einem Grobschnitt und einem Feinschnitt (für Teeaufgussbeutel).

144 Welche qualitativen Unterschiede gibt es bei den löslichen Teeaufgusspulvern und wie werden diese so genannten „Instant-Tees“ hergestellt?

145 Wie wird ein Frischpflanzenpresssaft hergestellt und was schreibt hierzu das Arzneimittelgesetz vor?

146 Was versteht man unter einer Tinktur? Was ist ein Perkolat und was ist ein Mazerat?

147 Was sind Medizinalweine und was verstehen Sie unter Tonika?

148 Was ist ein zähflüssiger Extrakt (Extr. spissum) und was ist ein Trockenextrakt (Extr. siccum)? Wie werden solche Extrakte hergestellt?

149 Was sind Weichgelatinekapseln und Hartgelatinekapseln?

150 Was sind Emulsionen?

151 Erläutern Sie den Aufbau von Tabletten und Dragees. Welche besonderen Bestimmungen gibt es nach der Verordnung zu § 45 AMG 1976?

152 Nennen Sie die Unterschiede zwischen fettem Öl und ätherischem Öl.

153 Was sind Salben, Pasten und Cremes?

154 Was sind Sirupe? Nennen sie einige Beispiele dazu.

155 Was sind Bonbons und was sind Pastillen?

156 Welche Darreichungsformen sind für freiverkäufliche Arzneimittel verboten (Apothekenpflicht)?

157 Sind Knoblauchtropfen (= Presssaft aus frischem Knoblauch) zur Senkung stark erhöhter Cholesterol- und Blutfettwerte geeignet?

158 Was ist Pepsin und wozu wird es verwendet?

159 Ist eine Mischung aus Artischocken- und Löwenzahnpresssaft bei Gallenbeschwerden als freiverkäufliches Arzneimittel zulässig?

160 Was ist Agar-Agar?

161 Sind Tabletten und Dragees mit Heilaussagen freiverkäuflich, die zusätzlich zu Pflanzenpulver noch Extrakte oder Reinstoffe aus Pflanzen (z.B. Rutin) enthalten?

162 Gibt es Unterschiede in der Zusammensetzung von Tabletten und Dragees, die
a) mit Heilaussagen,
b) nur mit vorbeugenden Aussagen (Funktionsstärkung usw.) freiverkäuflich sind?

163 Wieviele Pflanzen und/oder Pflanzenteile darf eine Lutschtablette gemäß der Anlage 2a der Rechtsverordnung nach § 45 enthalten?

164 Ist für Abführmittel laut Rechtsverordnung nach § 45 eine bestimmte Darreichungsform vorgeschrieben?
Ist die Zahl der aus Anlage 2b zu verwendenden Stoffe und Zubereitungen begrenzt?

165 Nennen Sie zwei Mineralstoffe, die als Mittel gegen Magenübersäuerung Verwendung finden. Gibt es bestimmte Vorschriften hinsichtlich der Darreichungsform?

166 Welche der folgenden Drogen enthält überwiegend ätherisches Öl als Wirkstoff?
a) Weißdornblüten
b) Rosskastaniensamen
c) Seifenwurzel
d) Petersilienwurzel
e) Heidelbeeren, getrocknet

167 Welche der folgenden Drogen enthält überwiegend Schleim als Wirkstoff?
a) Eibischwurzel
b) Süßholzwurzel
c) Ginsengwurzel
d) Aloe
e) Mariendistelfrüchte

168 Welches der genannten Öle ist ein fettes Öl?
a) Nelkenöl
b) Sesamöl
c) Eukalyptusöl
d) Latschenkiefernöl
e) Zitronenöl

169 Welche Drogen werden in freiverkäuflichen Prostatamitteln verwendet? Wie lautet Ihre Empfehlung?

170 Wacholderzubereitungen (Wacholderextrakt, -mus, -sirup, -spiritus) sind laut Verordnung nach § 45, Anlage 1 a, zur Beseitigung oder Linderung von Krankheiten freigegeben. Darf der Hersteller oder dürfen Sie in diesem Fall entsprechende Heilaussagen machen?

171 Eine Teemischung, die venenwirksame Drogen enthält, ist nach § 44 mit Heilaussagen zulässig. Können Sie (oder der Hersteller) eine solche Teemischung gegen Krampfadern oder Venenentzündung empfehlen?

172 Ist eine Teemischung gegen Funktionsstörungen der Gallenwege freiverkäuflich? Wenn ja, welche Drogen könnten darin enthalten sein?

173 Was ist Aluminiumacetat-tartrat-Lösung? Wozu wird sie verwendet? Gibt es davon auch Tabletten, die freiverkäuflich sind?

174 Welche Hinweise geben Sie zur Zubereitung eines Fencheltees? Sind Heilaussagen erlaubt? Welche Hauptwirkungen hat ein Fencheltee? Sind die gleichen Aussagen auch bei einem Fenchel-Instanttee erlaubt, oder gibt es Beschränkungen in der Anwendung?

175 Nennen Sie Drogen, die gegen Magen-Darm-Krämpfe und Blähungen empfohlen werden können. Wie gehen Sie vor, wenn der Kunde diese Drogen gemischt haben möchte?

176 Nennen Sie freiverkäufliche Arzneimittel, die gegen Durchfall wirksam sind.

177 Was ist Menthol?

178 Was ist Campher?

179 Was ist ein Kamillenextrakt? Was ist Kamillenextrakt mit Salbengrundlage? Handelt es sich um ein freiverkäufliches Arzneimittel? Sind Heilaussagen erlaubt?

180 Was sind Infusionen und Injektionen? Sind diese Darreichungsformen freiverkäuflich?

181 Was versteht man unter dem Begriff „Aerosol“. Sind Aerosole freiverkäuflich?

182 Nennen Sie Darreichungsformen, die grundsätzlich apothekenpflichtig sind.

183 Sind Kopfschmerztabletten freiverkäuflich?

184 Sind Tabletten gegen rheumatische Beschwerden freiverkäuflich? Wenn ja, nennen Sie die Bedingungen, unter denen solche Tabletten freiverkäuflich sind.

185 Was ist medizinische Kohle? Wozu wird sie verwendet?

186 Wie hoch muss der Honiggehalt in Fenchelhonig mindestens sein, wenn der Fenchelhonig als „Hustenmittel“ bezeichnet wird?

187 Nennen Sie einige hustenreizlindernde Drogen sowie einige Drogen, die festsitzenden Schleim lösen und das Abhusten erleichtern.

188 Nennen Sie typische Drogen zur Anregung der Magensaftsekretion sowie typische Drogen zur Anregung der Gallensekretion. Gibt es hier Überschneidungen?

189 Nennen Sie die in freiverkäuflichen Herzmitteln zur innerlichen Anwendung am häufigsten vorkommende Droge. Auf welchen Wirkstoffen beruht im Wesentlichen die Wirkung?

190 Welche Aussagen sind für freiverkäufliche Herzmittel zulässig?
a) gegen Altersherz
b) gegen Herzrhythmusstörungen
c) gegen nervöse Herzbeschwerden
d) zur Vorbeugung von Herzmuskelschwäche (Herzinsuffizienz)
e) zur Funktionsstärkung des Herzens

191 Welche der folgenden Aussagen trifft (treffen) zu?
1. Iod und Iodverbindungen sind in der Anlage 4 (Negativliste) aufgeführt.
2. Iodtinktur ist als Desinfektionsmittel zum ausschließlich äußeren Gebrauch apothekenpflichtig.
3. Iodhaltige Heilwässer zum innerlichen Gebrauch sind nicht freiverkäuflich.

A: nur 1 ist richtig
B: nur 2 ist richtig
C: nur 3 ist richtig
D: nur 2 und 3 sind richtig
E: alle (1–3) sind richtig

192 Wie viele Bestandteile darf eine Teemischung (freiverkäufliches Fertigarzneimittel) enthalten?
Gibt es Vorschriften bezüglich der Anwendungsgebiete?

193 Aus wie vielen Pflanzen bzw. Pflanzenteilen darf ein lösliches Teeaufgusspulver im Höchstfall hergestellt sein? Gibt es Vorschriften bezüglich der Anwendungsgebiete und der zu verwendenden Drogen?

194 Gibt es lösliche Teeaufgusspulver, für die die in der Antwort 193 genannten Anwendungsgebiete nicht zwingend vorgeschrieben sind?

195 Welche Aussage(n) ist (sind) richtig?
a) Borsäure ist in der Anlage 4 (Negativliste Chemikalien) aufgeführt.
b) Borsäure ist nur in Form von Borwasser und Borsalbe freiverkäuflich.
c) Kontaktlinsenpflegemittel, die Borsäure oder ihre Salze enthalten, sind freiverkäuflich.

196 Die Positivliste Anlage 1 c der Verordnung zu § 45 enthält Pflanzen und/oder Pflanzenteile, die zu Tabletten oder Dragees verarbeitet werden, die dann als Fertigarzneimittel zur Beseitigung oder Linderung von Krankheiten usw. freiverkäuflich sind.
a) Ist die Zahl der in Frage kommenden Pflanzen begrenzt?
b) Nennen Sie gegebenenfalls die Höchstzahl.
c) Welche Anwendungsgebiete sind nach der Verordnung vorgesehen?
d) Welche Konsequenzen ergeben sich, wenn ein Hersteller außer Pflanzen- und/oder Pflanzenteilen noch Pflanzenextrakte oder Reinstoffe für seine Tabletten oder Dragees verwendet?

197 Auch Lutschtabletten und Lutschpastillen kommen als freiverkäufliche Fertigarzneimittel vor.
a) Wieviele wirksame Bestandteile der Positivliste Anlage 2 a darf ein solches Mittel enthalten?
b) Nennen Sie einige Beispiele der Anlage 2 a.
c) Nennen Sie das (die) Anwendungsgebiet(e).

198 Wie kann man ätherische Öle gewinnen?

199 Zu welchen Zwecken ist ein Destillat freiverkäuflich, das durch Destillation von verschiedenen Pflanzen- und Pflanzenteilen, evtl. auch unter Zusatz von ätherischen Ölen, Campher, Menthol, Balsamen und Harzen hergestellt wurde?

200 Werden Produkte, die durch Mischen ätherischer Öle gewonnen wurden, auch als Destillate bezeichnet?

201 Sind Trockendestillate als „Heilmittel" freiverkäuflich?

202 Kennen Sie ein freiverkäufliches Arzneimittel, das durch trockene Destillation gewonnen wird? Wie wird es verwendet?

203 Dürfen Sie Dragees, bestehend aus Baldrian- und Hopfenextrakt, zum Zwecke der Beseitigung oder Linderung von Schlafstörungen abgeben? Wo steht das?

204 Dürfen Sie Dragees, bestehend aus Baldrian- und Hopfenextrakt plus Johanniskrautextrakt zur Beseitigung oder Linderung von Schlafstörungen (nicht Schlaflosigkeit!) abgeben? Begründen Sie Ihre Entscheidung. Nennen Sie ggf. erlaubte Aussagen, mit denen das Produkt freiverkäuflich ist.

205 Was sind Insektizide und wie wirken sie?

206 In welcher Form dürfen sie Paraffin verkaufen? Wozu kann man es verwenden?

207 Unter welchen Voraussetzungen dürfen Sie gemischte Tees verkaufen, die zur Beseitigung oder Linderung von Krankheiten oder krankhaften Beschwerden dienen sollen?

208 Nennen Sie mindestens fünf Pflanzenextrakte, die in medizinischen Bädern Verwendung finden.

209 Sind Salben gegen Husten und Erkältung freiverkäuflich? Welche Inhaltsstoffe können enthalten sein?

210 Was wissen Sie über Sonnenschutz? Was versteht man unter dem Schutzfaktor?

211 Was sind Lippenpflegestifte? Woraus bestehen sie? Sind sie Arzneimittel oder Kosmetika?

212 Was versteht man unter Puder?

213 Was ist der Unterschied zwischen destilliertem Wasser und demineralisiertem Wasser?

214 Welche der folgenden Aussagen zu freiverkäuflichen Abführmitteln treffen zu?

a) Freiverkäufliche Abführmittel kann man nicht falsch anwenden.

b) Freiverkäufliche Abführdrogen sind (gemäß Anlage 2 b) z. B. Pflaumen, Tragant, Agar-Agar, Manna und Leinsamen.
c) Faulbaumrinde ist mit vorbeugenden Aussagen freiverkäuflich.
d) Abführmittel, die sog. „Anthrachinone" enthalten (Aloe, Sennesblätter und -schoten usw.), sind nicht zum Dauergebrauch geeignet, da es sonst zum Verlust von wertvollen Mineralstoffen (Kalium) kommen kann.
e) Abführmittel, die Antrachinone enthalten, sind grundsätzlich apothekenpflichtig.
f) Die Anlage 2 b ist eine Negativliste.
A: nur a ist richtig
B: nur a und c sind richtig
C: nur b, d und e sind richtig
D: nur b, d, e und f sind richtig
E: nur d und f sind richtig

215 Welche Aussagen zu löslichen Teeaufgusspulvern laut Verordnung nach § 45 sind richtig?
a) Lösliche Teeaufgusspulver werden aus wässrigen Gesamtauszügen von Drogen hergestellt. Die bei der Herstellung verlorengegangenen ätherischen Öle dürfen ersetzt werden
b) Lösliche Teeaufgusspulver werden immer aus mehreren Drogen hergestellt, die in den Anlagen 1 d und 1 e aufgeführt sind
c) Lösliche Teeaufgusspulver, die nur aus einer Pflanze der Anlage 1 d hergestellt sind, unterliegen keinen Beschränkungen hinsichtlich der Anwendungsgebiete (außer den Beschränkungen der Krankheitsliste, Anl. 3)
d) Lösliche Teeaufgusspulver sind nur als Fertigarzneimittel freiverkäuflich
A: nur a ist richtig
B: nur b und d sind richtig
C: nur a, c und d sind richtig
D: nur a und c sind richtig

216 Welche Aussagen zu Tabletten und Dragees sind falsch (laut Verordnung zu § 45 AMG 76)?
a) Tabletten können bis zu 7 Pflanzen bzw. Pflanzenteile enthalten
b) Tabletten können bis zu 4 Wirkstoffe enthalten
c) Tabletten und Dragees können auch arzneilich unwirksame Stoffe enthalten
d) Tabletten und Dragees müssen mindestens 5 mm Durchmesser haben

e) Tabletten und Dragees, die mehr als 4 Pflanzen der Anlage 1 c enthalten, sind mit Heilaussagen nicht freiverkäuflich
f) Tabletten und Dragees, die zu den erlaubten Pflanzen und Pflanzenteilen noch Extrakte als Zusatz enthalten, sind mit Heilaussagen nicht freiverkäuflich. Es sind nur „vorbeugende“ Aussagen erlaubt.

217 Welche der folgenden Aussagen zu Destillaten trifft nicht zu?
a) Bei der Herstellung von Destillaten werden meist getrocknete Pflanzen verwendet
b) Trockendestillate sind nicht erlaubt (VO nach § 45)
c) Destillate sind immer freiverkäuflich, wenn sie aus freiverkäuflichen Pflanzen gewonnen werden und keine Anwendungsgebiete aus der Anlage 3 (Krankheitsliste) genannt werden. Zusätze wie ätherische Öle, Campher, Menthol, Balsame, Harze sind erlaubt, wenn sie vor der Destillation zugefügt werden
d) Es dürfen nur Pflanzen der Positivliste 1 b verwendet werden
e) Laut § 44 sind Destillate aus einer Pflanze bzw. deren Teilen mit Heilaussagen freiverkäuflich. Die Pflanze kann getrocknet oder frisch verwendet werden (z.B. Meerrettich)

218 Welche der folgenden Aussagen zu Presssäften ist richtig?
a) Presssäfte werden durch Auspressen frischer Pflanzen (jeweils einer Art) gewonnen; Heilaussagen sind erlaubt.
b) Bei der Herstellung darf kein Lösungsmittel zugesetzt werden.
c) Vom Hersteller können getrocknete Pflanzen oder Pflanzenteile mit Wasser aufgeweicht und ausgepresst und das Produkt mit Heilaussagen in den Verkehr gebracht werden.
d) Gemischte Frischpflanzenpresssäfte dürfen nicht mit Heilaussagen in den Verkehr gebracht werden.
A: nur a ist richtig
B: nur b und c sind richtig
C: nur a und c sind richtig
D: nur a und d sind richtig
E: nur a, b und d sind richtig

219 In welchen Formen ist Watte als Arzneimittel freiverkäuflich?

220 Nennen Sie Sprays, die als Arzneimittel freiverkäuflich sind.

221 Was versteht man unter „Pyrethrum-Extrakt“? Wozu wird er verwendet?

222 Nennen Sie freiverkäufliche Kompressen.

223 Sind fluorhaltige Zahnputz-Gele, die nur 1mal wöchentlich angewandt werden dürfen und nur für Erwachsene und Schulkinder geeignet sind, freiverkäuflich?

224 Wie wird ein Destillat als abgabefertiges Arzneimittel (z.B. Salus-Biodestillate) hergestellt und warum enthalten die abgabefertigen Destillate (Fertigarzneimittel) relativ viel Alkohol?

225 Zu welchen Zwecken kann Wermutkraut angewendet werden?

226 In welcher Form dürfen Sie Vitamin E abgeben?

227 In welchen freiverkäuflichen Fertigarzneimitteln können Iodverbindungen enthalten sein?

228 Nennen Sie mindestens drei Arzneistoffe, die in freiverkäuflichen Arzneimitteln zum Lutschen gegen Husten und Heiserkeit angewendet werden dürfen.

229 Nennen Sie Arzneipflanzen gegen Erkältung und ordnen Sie sie nach Anwendungsgebieten.

230 Was versteht man unter Antazida?

231 Kennen Sie Substanzen, die als Antazida in freiverkäuflichen Arzneimitteln Verwendung finden?

232 Kennen Sie pflanzliche oder andere gebräuchliche Mittel gegen Magenübersäuerung?

233 Wie können Arzneipflanzen bearbeitet werden?

234 Kennen Sie Zucker-Ersatz-Stoffe?

235 Arzneimittel gegen Hühneraugen und Hornhaut sind freiverkäuflich. Welche Inhaltsstoffe sind gebräuchlich?

a) Zitronensäure
b) Schwefelsäure
c) Essigsäure
d) Milchsäure
e) Weinsäure
f) Salicylsäure
g) Benzoesäure
h) Birkenteer
i) Bittersalz
k) Benzocain

236 Welche Arzneidrogen sind **nicht** für den Verkehr außerhalb der Apotheke zugelassen?
a) Farnkraut
b) Vogelknöterichkraut
c) Weidenrinde
d) Condurangorinde
e) Besenginsterkraut
f) Pomeranzenschale
g) Mariendistelfrüchte
h) Meerzwiebel
i) Rhabarberwurzel
k) Sennesblätter
l) Bitterkleeblätter
m) Eibischwurzeln

237 Welche Fruchtdrogen sind **nicht** freiverkäuflich?
a) Tamarindenfrüchte
b) Fenchelfrüchte
c) Tollkirschenfrüchte
d) Koloquintenfrüchte
e) Hagebuttenfrüchte
f) Sennesfrüchte
g) Anisfrüchte
h) Stechapfelfrüchte
i) Ignatiusbohne

238 Welche Blattdrogen sind **nicht** freiverkäuflich?
a) Orthosiphonblätter
b) Fingerhutblätter
c) Stechapfelblätter
d) Hamamelisblätter
e) Melissenblätter
f) Maiglöckchenblätter
g) Weißdornblätter
h) Brennnesselblätter

239 Welche der folgenden Arzneiformen ist für den Verkehr außerhalb der Apotheke **nicht** zugelassen?
a) Pastillen
b) Tabletten
c) Wundstäbchen
d) Dragees
e) Extrakt
f) Liniment
g) feinst verteilte Aerosole
h) Injektionslösungen

240 Welcher der folgenden Begriffe stellt keine „Darreichungsform“ im Sinne des Arzneimittelgesetzes dar?
a) Salben
b) Brausetabletten
c) Vitamin C
d) Zäpfchen
e) Pastillen

241 Was ist eine chemische Verbindung im Sinne des Arzneimittelgesetzes § 3?
a) Baldriantinktur
b) Lebertran
c) Kochsalz
d) Honig
e) Ameisenspiritus
f) Ammoniak-Lavendel-Riechsalz
g) Salmiakgeist 10 %ig
h) Natriumhydrogencarbonat
i) Hefe

242 Welche der genannten Substanzen dürfen **nicht** in freiverkäuflichen Arzneimitteln enthalten sein?
a) Calciumcitrat
b) Senföl
c) Natriumhydrogencarbonat
d) Calciumlactat
e) Weinsäure
f) Magnesiumtrisilicat
g) Borsäure
h) Resorcin
i) Natriumsulfat

243 Welche Zuordnungen sind falsch?
a) Brennnessel/Kraut
b) Condurango/Früchte
c) Kamillen/Kraut
d) Senf/Samen
e) Fenchel/Samen
f) Anis/Früchte
g) Süßholz/Rinde
h) Eibisch/Rhizom
i) Tamarinden/Holz
k) Hauhechel/Wurzel

244 Welche Drogen bzw. Drogenbestandteile dürfen in einem freiverkäuflichen Abführmittel enthalten sein?
a) Faulbaumrinde
b) Sennesblätter
c) Manna
d) Sennesschoten
e) Tamarindenfrüchte
f) Feigen
g) Tragant
h) Agar-Agar
i) Rizinusöl

245 Welche Drogen enthalten überwiegend fette Öle?
a) Baldrianwurzeln
b) Kamillenblüten
c) Rizinussamen
d) Leinsamen
e) Ringelblumenblüten
f) Wacholderbeeren

246 Ordnen Sie zu:
Welche Öle sind fette Öle (**1**), welche sind ätherische Öle (**2**)?
a) Kamillenblütenöl
b) Sesamöl
c) Chinaöl
d) Japanisches Pfefferminzöl
e) Lebertran
f) Erdnussöl
g) Terpentinöl
h) Leinöl
i) Olivenöl
k) Rizinusöl
l) Latschenkiefernöl

247 Woran erkennt man ein ätherisches Öl?
a) es eignet sich als Schmiermittel
b) es ist geruchlos
c) es verdunstet, ohne Rückstand auf einem Filterpapier zu hinterlassen
d) es mischt sich gut mit Wasser
e) Flecken lassen sich nur mit Ether entfernen

248 Welche der genannten Öle sind ätherische Öle?
a) Mandelöl
b) Nelkenöl
c) Pomeranzenöl
d) Zitronellöl
e) Kamillenblütenöl
f) Eukalyptusöl

249 Welche der genannten Flüssigkeiten sind Destillate?
a) Baldriantropfen
b) Salbeitropfen
c) Knoblauchtropfen
d) Melissengeist
e) Hoffmannstropfen
f) Hienfong Tropfen
g) Kamillentropfen

250 Welche Drogen enthalten überwiegend Gerbstoffe?
a) Enzianwurzel
b) Tormentillwurzel
c) Eichenrinde
d) Süßholzwurzel
e) Eibischwurzel
f) Hamamelisblätter
g) Heidelbeeren
h) Schachtelhalmkraut

251 Ordnen Sie zu:
Welche Drogen gehören wegen ihrer harntreibenden Wirkung in einen Blasen-Nierentee (**1**)
und welche wegen ihrer beruhigenden Wirkung in einen Nerventee (**2**)?
a) Ringelblumenblüten
b) Hauhechelwurzel
c) Holunderblüten
d) Malvenblätter
e) Ingwerwurzelstock
f) Lavendelblüten
g) Baldrianwurzel
h) Mohnkapseln
i) Brennnesselkraut
k) Schachtelhalmkraut
l) Hopfenzapfen

252 Was ist in löslichen Teeaufgusspulvern (Instanttees) enthalten?
a) pulverisierte alkohollösliche Kräutertee-Trockenextrakte
b) pulverisierte wasserlösliche Kräutertee-Trockenextrakte
c) mikroverkapselte Pflanzenteile
d) Kräutertee-Feinschnitt
e) fein zermahlene Kräuter mit mikroverkapselten ätherischen Ölen

253 Welche Stoffe sind keine „Stoffe“ im Sinne des Arzneimittelgesetzes?
a) Eisen
b) Kochsalz
c) Verbandmull
d) Karlsbader Salz echt
e) mineralhaltiges Wasser
f) Hefe
g) Flavonoide
h) Wacholderbeeren
i) Baldriantropfen

254 Wie wird Tamarindenmus üblicherweise verwendet?
a) als krampflösendes Mittel bei Magen-Darm-Krämpfen
b) als harntreibendes Mittel
c) als schleimlösendes Mittel bei Husten
d) als Mittel gegen Darmträgheit
e) als Zuckeraustauschstoff für Diabetiker

255 Ordnen Sie zu:
Was ist Natrium (**1**), was ist ein Heilwasser (**2**)?
a) natürlich vorkommendes Gemisch von chemischen Elementen oder Verbindungen
b) chemisches Element
c) chemische Verbindung
d) natürlich vorkommende Lösung
e) künstlich hergestelltes Gemisch von chemischen Elementen oder Verbindungen

3. Verwechselte, verfälschte oder verdorbene Arzneimittel

Fragen zu Punkt 3 der Prüfungsanforderungen gemäß § 4 der Verordnung über den Nachweis der Sachkenntnis.

3. Wissensgebiet: „Es ist festzustellen, ob der Prüfungsteilnehmer offensichtlich verwechselte, verfälschte oder verdorbene freiverkäufliche Arzneimittel erkennen kann."

1 Angenommen, beim Hersteller oder Großhändler wird eine Tinktur oder eine Droge mit einem falschen Etikett versehen, und der Einzelhändler etikettiert die Fläschchen oder Tüten, die er für den Verbraucher abfüllt, auch falsch. Wer ist für die Verwechslung verantwortlich?

2 Können Sie Baldriantinktur von Arnikatinktur unterscheiden?

3 Können Sie Baldriantinktur von ätherischer Baldriantinktur unterscheiden?

4 Können Sie Campherliniment am Geruch erkennen? Wofür wird es verwendet?

5 Können Sie essigweinsaure Tonerde (Aluminiumacetat-tartrat-Lösung) von Salmiakgeist unterscheiden?

6 Können Sie „Hoffmannstropfen" am Geruch erkennen?

7 Können Sie Bittersalz am Geschmack erkennen? Wozu dient es?

8 Können Sie Ethanol von Wasserstoffperoxid-Lösung am Geruch unterscheiden? Wozu werden sie verwendet?

9 Können Sie Glycerin am Geschmack erkennen? Handelt es sich um ein Öl?

10 Können Sie Lanolin von gelber Vaseline unterscheiden?

11 Können Sie Rizinusöl von Mandelöl unterscheiden?

12 Was tun Sie, wenn Sie feststellen, dass bei einem Fertigarzneimittel (Originalverpackung) das Etikett oder die Faltschachtel verwechselt wurden?

13 Was ist eine Drogenverfälschung? Warum kommt so etwas vor?

14 Nennen Sie Beispiele für Drogenverfälschungen.

15 Nennen Sie die Verfälschung von Huflattichblättern.

16 Nennen Sie Verfälschungen von Arnikablüten.

17 Nennen Sie Verfälschungen von Safran.

18 Nennen Sie die Verfälschung von Lindenblüten.

19 Welche Maßnahmen ergreifen Sie, um Drogenverfälschungen bei „offenen“ Drogen, die Sie in Großgebinden erhalten, auszuschließen?

20 Nennen Sie weitere Beispiele für Drogenverfälschungen.

21 Was sind verdorbene Arzneimittel?

22 Nennen Sie Verderberscheinungen bei Tabletten.

23 Woran erkennen Sie verdorbene Dragees?

24 Woran erkennen Sie verdorbene Frischpflanzenpresssäfte.

25 Woran erkennen Sie verdorbene Tonika?

26 Nennen Sie Verderberscheinungen bei Kräutertees und woran können Sie einen Ungezieferbefall bei Drogen bzw. Kräuterteemischungen erkennen?

27 Beruhen Verderberscheinungen ausschließlich auf Herstellungs- und Verpackungsmängeln oder gibt es noch andere Ursachen?

28 Durch welche Kennzeichnung auf der Packung können Sie bereits erkennen, ob es sich um ein verdorbenes Arzneimittel handelt?

29 Was tun Sie mit einem Arzneimittel, bei dem das Verfalldatum erst zwei Tage überschritten ist?

30 Was tun Sie, wenn Sie ein verdorbenes Fertigarzneimittel im Geschäft feststellen?

31 Was verstehen Sie unter „minderwertigen Drogen“? Nennen Sie einige Beispiele.

32 Dürfen Arzneimittel, deren Verfalldatum abgelaufen ist, in den Verkehr gebracht werden, wenn noch keine Qualitätsminderung eingetreten ist?

33 Wie dürfen Königskerzenblüten (Wollblumen) nicht aussehen? Wie müssen sie aussehen? Wie müssen sie aufbewahrt werden?

34 Wie können Sie die Qualität einer Droge überprüfen?

35 Woran können Sie ein verdorbenes Pulverpräparat erkennen?

36 Woran können Sie verdorbene Weichgelatinekapseln erkennen?

37 Können Qualitätsminderungen von Arzneimitteln auch durch falsche Lagerung auftreten?
Nennen Sie einige Beispiele falscher Lagerung.
Wer ist dafür haftbar?

38 Woran können Sie verdorbene Salben erkennen?

39 Worin besteht der Unterschied zwischen ätherischen und fetten Ölen?

40 Wie sehen verdorbene Königskerzenblüten aus?

41 Müssen Sie Drogen, die Sie aus größeren Gebinden in Tüten abfüllen, prüfen?

42 In welchem Buch stehen die verbindlichen Angaben über die Qualität, Prüfung, Lagerung, Bezeichnung und Abgabe von Arzneimitteln?

43 Selbst wenn eine Droge mit einem Analysenzertifikat geliefert wird, muss man zur Vermeidung von Verwechslungen auf jeden Fall eine bestimmte Prüfung durchführen. Wie heißt diese Prüfung?

44 Warum ist es wichtig, dass Drogen geprüft werden?

45 Wie sieht minderwertige Johanniskrautdroge aus?

46 Das Schachtelhalmkraut muss gründlich auf Identität geprüft werden, warum?

47 Woran erkennen Sie zu lange gelagertes Leinöl und woran erkennen Sie feucht gelagerte Leinsamen?

48 Können Sie folgende Substanzen erkennen bzw. voneinander unterscheiden?

a) Ammoniumchlorid
b) Baldriantinktur
c) Bittersalz
d) Ethanol
e) Franzbranntwein
f) Glycerin
g) Hoffmannstropfen
h) Lebertran
i) Milchzucker
k) Myrrhentinktur
l) Olivenöl
m) Pfefferminzöl
n) Rizinusöl
o) Salmiakgeist
p) Schwefel
q) Talkum
r) Vitamin C
s) Wasser

49 Welches sind die wichtigsten Drogen, die Sie erkennen und unterscheiden müssen?

4. Lagerung von freiverkäuflichen Arzneimitteln

Fragen zu Punkt 4 der Prüfungsanforderungen gemäß § 4 der Verordnung über den Nachweis der Sachkenntnis:

4. Wissensgebiet: „Es ist festzustellen, ob der Prüfungsteilnehmer freiverkäufliche Arzneimittel ordnungsgemäß, insbesondere unter Berücksichtigung der Lagertemperatur und des Verfalldatums, lagern kann."

1 Dürfen Sie Drogen zusammen mit Südfrüchten lagern?

2 Dürfen Sie Arzneimittel zusammen mit diätetischen Lebensmitteln oder Kosmetika lagern?

3 Welche Lagerhinweise gibt es bei Fertigarzneimitteln?

4 Wie lagern Sie einen Hustentee, der viele ätherische Öl-Drogen enthält?

5 Was ist bei der Lagerung von Salzen zu beachten?

6 Wie und wo lagern Sie Drogen ganz allgemein?

7 Wie lagern Sie Wollblumenblüten (Königskerzenblüten)?

8 Wo müssen Sie besondere Sorgfalt bei der Lagerung walten lassen: bei ganzen Pfefferminzblättern, Pfefferminz-Grobschnitt oder Pfefferminz-Feinschnitt?

9 Kann man Drogen in feuchten Räumen lagern?

10 Kennen Sie Arzneimittel, die besonders vor Feuchtigkeit geschützt gelagert werden müssen?

11 Wie kann man Fertigarzneimittel vor Feuchtigkeit schützen (z. B. Vitamin-Brausetabletten)?

12 Wie kann man feuchtigkeitsempfindliche Drogen (z. B. Blüten und Wurzeln) vor Feuchtigkeit schützen?

13 Kennen Sie Arzneimittel, die unter 20 °C gelagert werden müssen?

14 Dürfen Sie Biovital neben Sionon-Fruchtzucker lagern?
a) ja, da es sich bei beiden um freiverkäufliche Arzneimittel handelt
b) ja, da es sich bei beiden um Diätetika handelt
c) nein, Arzneimittel müssen deutlich getrennt von anderen Waren gelagert werden
d) ja, Arzneimittel dürfen neben Diabetika gelagert werden
e) ja, das Arzneimittelgesetz erlaubt es

15 Ist ein Standort in der Nähe eines Heizkörpers zur Lagerung von Kamillenblüten geeignet?

16 Wie lagern Sie Abführ-Zäpfchen?

17 Welchen Sinn hat die Verpflichtung zur Angabe eines Verfalldatums?

18 Wie ist das Verfalldatum auf der Packung anzugeben?

19 Nennen Sie Beispiele von Fertigarzneimitteln, die mit Verfalldaten versehen sind.

20 Nennen Sie geeignete Kontrollsysteme zur Überwachung der Verfalldaten bei Fertigarzneimitteln im Einzelhandelsgeschäft.

21 Welche Behörde prüft im Einzelhandel die freiverkäuflichen Arzneimittel bzw. die Lebensmittel?

22 Sind weiße Gläser für die Lagerung von Drogen gut geeignet? Welche Faktoren können ganz allgemein die Lagerung beeinflussen?

23 Unter welchen Bedingungen sind Arzneimittel im Normalfall aufzubewahren?
1. im Kühlschrank oder Kühlregal bei 8 °C
2. trocken
3. vor Wärme und direkter Sonneneinstrahlung geschützt
4. getrennt von anderen Waren
5. getrennt von anderen, stark riechenden Arzneimitteln

A: nur 1 und 2 sind richtig
B: nur 2 und 3 sind richtig

C: nur 3 und 4 sind richtig
D: 2 bis 5 sind richtig
E: alle sind richtig

24 Warum dürfen Drogen, die zum Verkauf bestimmt sind, nicht im Schaufenster ausgestellt oder neben einer Heizung aufbewahrt werden?

25 Welche äußeren Einflüsse können die Qualität von Arzneimitteln ungünstig beeinflussen?

26 Wie soll der Endverbraucher Arzneimittel aufbewahren?

27 Welchen Anforderungen sollten Verkaufs- und Lagerräume für Arzneimittel genügen?

28 Welches Arzneimittel ist stark lichtempfindlich?

29 Wie sollen Drogen allgemein gelagert werden?

30 Wie sind Fertigarzneimittel zu beurteilen, deren Verfallsdatum abgelaufen ist?

31 Welche Angaben bezüglich des Verfallsdatums bei freiverkäuflichen Arzneimitteln sind richtig?
a) Arzneimittel, deren Verfallsdatum abgelaufen ist, dürfen in den Verkehr gebracht werden, wenn noch keine Qualitätsminderung aufgetreten ist
b) Bei Arzneimitteln gilt auch ein Mindesthaltbarkeitsdatum
c) Arzneimittel ohne Verfallsdatum sind unbegrenzt haltbar
d) Das Verfallsdatum ist der Zeitpunkt, bis zu dem ein Arzneimittel in jedem Fall verwendet werden darf
e) Das Verfallsdatum ist der Zeitpunkt, bis zu dem das Arzneimittel – ordnungsgemäße Lagerung vorausgesetzt – verwendet werden darf.

32 Dürfen Sie 3 Tage vor Ablauf des Verfallsdatums diese Mittel noch abgeben?

33 Dürfen Sie Arzneimittel lagern, deren Verfallsdatum abgelaufen ist?

34 Mit welchen Konsequenzen muss der Einzelhändler rechnen, der ein Verfallsdatum nicht beachtet?

35 In welchen Monaten ist auf verfallene Arzneimittel besonders zu achten?
a) in den warmen Sommermonaten
b) während der Heizperiode
c) in jedem Monat
d) im März und September

36 Welche der folgenden Temperaturhinweise findet man üblicherweise auf Fertigarzneimitteln?
a) unter 8 °C
b) nicht unter 8 °C
c) nicht über 8 °C
d) nicht über 20 °C

37 Was bedeutet „bei Raumtemperatur“ lagern?

38 Wo lagern Sie Arzneimittel, bei denen der Hinweis angebracht ist: „nicht über 20 °C lagern“?

39 Wo lagern Sie Arzneimittel, bei denen der Hinweis „nicht über 8 °C lagern“ angebracht ist?

40 Wie sind Fertigarzneimittel zu lagern, bei denen kein Hinweis angebracht ist?

41 Bei welcher Temperatur sind Arzneimittel im Regelfall zu lagern?
Müssen Lagerhinweise auf Fertigarzneimitteln angegeben werden?
Wenn ja, wo?

42 Welche Lagerhinweise gibt es bei Fertigarzneimitteln?

43 Wie kann man feuchtigkeitsempfindliche Drogen schützen?
a) durch Unterbringung in einem Kalkkasten
b) über Blaugel in einem Exsikkator
c) im Standgefäß mit „Aquexstopfen“
d) durch Aufbewahren in einem Rundkolben

44 Wie werden Frischpflanzenpresssäfte haltbar gemacht? In welchem Zeitraum muss ein angebrochener Frischpflanzenpresssaft, auch bei kühler Lagerung verbraucht sein?

45 Wann müssen Arzneimittel ein Verfallsdatum tragen?
a) nur, wenn sie weniger als 1 Jahr wirksam sind
b) nur, wenn sie weniger als 3 Jahre wirksam sind

c) nur bestimmte Arzneistoffe (z. B. Antibiotika) benötigen ein Verfallsdatum
d) alle Arzneimittel müssen ein Verfallsdatum tragen
e) nur Vorratspackungen müssen ein Verfallsdatum tragen

46 Wo finden Sie Lagerhinweise, die Sie bei der Lagerung von freiverkäuflichen Arzneimitteln beachten müssen?
a) auf dem Liefer- oder Warenbegleitschein
b) auf dem Etikett
c) auf der äußeren Verpackung, falls vorhanden (sonst auf dem Etikett)
d) auf dem Beipackzettel
e) auf der äußeren Verpackung und dem Beipackzettel

47 Unter welcher der genannten Bedingungen darf Fenchelöl **nicht** gelagert werden?
a) vor Licht geschützt
b) unter Luftabschluss
c) unter 20 °C
d) in Flaschen aus braunem Glas
e) in Flaschen aus weißem Glas

48 Wie können feuchtigkeitsempfindliche Arzneidrogen geschützt werden?
a) Lagerung unter 20 % Luftfeuchtigkeit
b) Hinweis auf baldigen Verbrauch
c) Aufbewahrung über Trockeneis
d) Aufbewahrung über Blaugel
e) Vorratshaltung in kleinen Mengen
f) Aufbewahrung mit einem Fungizid (Mittel gegen Schimmelbildung)

49 Bei welcher Temperatur müssen (Rektal-) Zäpfchen in Ihrem Geschäft gelagert werden?
a) nicht über 8 °C (Kühlschrank)
b) sie dürfen nur in Apotheken gelagert werden
c) nicht über Körpertemperatur
d) nicht über Raumtemperatur
e) nicht über 20 °C

50 Wann gilt ein freiverkäufliches Arzneimittel als verdorben?
a) wenn das Herstelldatum nicht mit dem Verfallsdatum übereinstimmt
b) wenn die Verpackung unansehnlich ist

c) wenn das Mittel längere Zeit bei zu niedriger Temperatur gelagert wurde
d) wenn das Mindesthaltbarkeitsdatum überschritten ist
e) wenn das Verfallsdatum überschritten ist

51 Welche Vorratsgefäße sind für die Lagerung von Drogen geeignet?
a) Pappkarton
b) Dose aus Wellblech
c) Weithalsgefäß aus braunem Glas
d) feste Tüten wie sie vom Drogenlieferanten geliefert werden
e) Dose aus Weißblech mit dicht schließendem Deckel
f) Weithalsgefäß aus Weißglas

52 Wie können sie das Verfalldatum **nicht** überprüfen?
a) stichprobenartige Kontrolle
b) EDV-Überwachung
c) Listen
d) farblich gekennzeichnete Kärtchen
e) ständige Durchsicht

53 Wo sollen Drogenvorräte gelagert werden?
a) im Kühlraum
b) im Keller bei 75 % rel. Luftfeuchte
c) kühl und trocken in belüftbaren Räumen
d) im Verkaufsraum übersichtlich im Regal
e) in der Garage

54 Wie lange können Kürbissamen maximal bei kühler und trockener Lagerung aufbewahrt werden?
a) 3 bis 5 Jahre
b) 2 Jahre
c) 6 Monate
d) 12 Monate
e) unbegrenzt

55 Bei welcher Temperatur muss offener Lebertran in Ihrem Geschäft gelagert werden?
a) nicht über 8 °C im Kühlschrank
b) nicht über Raumtemperatur
c) er darf nur in Apotheken im Kühlschrank gelagert werden
d) nicht über Körpertemperatur
e) nicht über 20 °C

56 Wovor müssen ätherische und wovor müssen fette Öle geschützt werden. Welche Gefäße schlagen Sie vor?

5. Abfüllen, Abpacken und Abgabe von freiverkäuflichen Arzneimitteln

Fragen zu Punkt 5 der Prüfungsanforderungen gemäß § 4 der Verordnung über den Nachweis der Sachkenntnis:

5. Wissensgebiet: „Es ist festzustellen, ob der Prüfungsteilnehmer über die für das ordnungsgemäße Abfüllen, Abpacken und die Abgabe freiverkäuflicher Arzneimittel erforderlichen Kenntnisse verfügt.“

1 Was versteht das AMG 1976 unter „herstellen“?

2 Welche Erlaubnis benötigt man, um Arzneimittel herstellen zu dürfen und welche Behörde erteilt diese Erlaubnis?

3 Wie lautet die Ausnahmeregelung zur Herstellung von Arzneimitteln für den Einzelhandel?

4 Welche wichtigen Einschränkungen muss der Einzelhändler beim Abfüllen, Umfüllen und Abpacken von Arzneimitteln beachten?

5 Darf der sachkundige Einzelhändler Leinsamen, den er als Arzneimittel abgibt, schroten?

6 Darf der Einzelhändler Arnikatinktur verdünnen und diese in zur Abgabe an den Verbraucher bestimmte Fläschchen abfüllen?

7 Darf der Einzelhändler Kräuterteemischungen selbst mischen?

8 Nennen Sie die hygienischen Maßnahmen, die beim Abfüllen und Umfüllen „loser“ Arzneimittel zu beachten sind.

9 Welche Waagen sind zum Abwiegen von Drogen erforderlich?

10 Bezieht sich die Angabe z.B. „50 Gramm" auf den Inhalt plus Verpackung oder nur auf den Inhalt?

11 Was ist die Tara?

12 Wie müssen die Arbeitsgeräte beschaffen sein, die man zum Abfüllen von Arzneimitteln verwendet?

13 Was passiert, wenn gleichzeitig verschiedene Drogen an ein und demselben Arbeitsplatz abgefüllt werden?

14 Was müssen Sie besonders beachten, wenn Sie Hoffmannstropfen abfüllen?

15 Aus welchem Papiermaterial sollen Leinsamenbeutel stammen?

16 Wie soll das Beutelmaterial zur Abfüllung von Pfefferminze, Melisse, Thymian, Kamille und Salbei beschaffen sein?

17 Sind gewöhnliche „Lebensmitteltüten" (z.B. zum Abfüllen von Obst) zum Abpacken von Drogen geeignet?

18 Dürfen Sie Salmiakgeist in eine Bierflasche einfüllen und abgeben?

19 Dürfen Sie Seifenspiritus in einer Limonadenflasche abgeben?

20 Welche Flasche verwenden Sie zur Abfüllung von Wasserstoffperoxidlösung zur Verwendung als Desinfektionsmittel?

21 Nennen Sie die Kennzeichnungsvorschriften des § 10 AMG 1976 für Arzneimittel zur Anwendung beim Menschen.

22 Müssen alle Arzneimittel nach § 10 AMG 1976 gekennzeichnet werden?

23 Welche Mindestangaben würden sie aus Gründen der Arzneimittelsicherheit bei freiverkäuflichen Arzneimitteln, die auf Verlangen eines Kunden abgefüllt werden, machen?

24 Woran erkennt man ein apothekenpflichtiges Arzneimittel?

25 Was ist die Zulassungsnummer (Abkürzung: „Zul.-Nr.")?

26 Was ist die Registernummer (Abkürzung: „Reg.-Nr.")?

27 Auf welche Aufdrucke muss der Sachkundige vor Abgabe eines Fertigarzneimittels besonders achten?

28 Darf der Einzelhändler eine Arzneikräuter-Teemischung gegen Husten, die er in einem größeren Gebinde von einem Hersteller bezogen hat, auf Verlangen eines Kunden abfüllen?

29 Darf der Einzelhändler eine fertig bezogene Arzneikräuter-Teemischung im Voraus aus einem größeren Gebinde in Tüten abfüllen?

30 Dürfen Sie einen Kamillentee als „Chamomilla-Tee“ oder einen Pfefferminztee als „Piperita-Tee“ bezeichnen?

31 Worin unterscheidet sich die Kennzeichnung auf der äußeren Umhüllung (z.B. Faltschachtel) von der Kennzeichnung in der Packungsbeilage (Gebrauchsinformation)?

32 Müssen Gegenanzeigen und Nebenwirkungen auf der äußeren Umhüllung angegeben sein?

33 Wo müssen Warnhinweise, sofern solche vom Gesetzgeber verordnet worden sind, angegeben sein?

34 Wann dürfen Sie Kräuterteemischungen auf Kundenwunsch selbst zusammenmischen?
a) wenn es sich um ein Lebensmittel handelt bzw. die Mischung zu Gewürzzwecken dient
b) wenn es sich um ein reines Vorbeugungsmittel handelt
c) wenn eine Standardzulassung vorliegt
d) wenn sie arzneilichen Zwecken dient
A: nur a ist richtig
B: nur a und b sind richtig
C: nur b, c und d sind richtig

35 Wie sind Arzneimittel für Tiere auf der äußeren Umhüllung gekennzeichnet?

36 Versteht man unter dem Begriff „Herstellen“ immer eine Tätigkeit, bei der Arzneimittel verändert, z.B. gemischt werden?

37 Was versteht das AMG 1976 unter „Inverkehrbringen“?

38 Welche der folgenden Tätigkeiten, die im AMG 1976 unter dem Begriff „Herstellen“ zusammengefasst sind, darf der (die) Sachkundige durchführen?
a) Zubereiten
b) Be- und Verarbeiten
c) Umfüllen, Abfüllen
d) Abpacken

e) Kennzeichnen
A: alle sind richtig
B: nur b, c und d sind richtig
C: b, c, d und e sind richtig
D: nur c, d und e sind richtig

39 Unter welchen Voraussetzungen dürfen Sie gemischte Kräutertees verkaufen, die zur Beseitigung oder Linderung von Krankheiten oder Beschwerden dienen sollen?

40 Dürfen Sie gemischte Arzneitees von einer Firma beziehen, abfüllen und unter Bezeichnungen wie „Blasen- und Nierentee“ „Magentee“, „Gallentee“ in den Verkehr bringen?
Wenn ja, welche Voraussetzungen müssen erfüllt sein?

41 Nennen Sie weitere Anwendungsgebiete, für die Sie selbst abgefüllte Teemischungen in den Verkehr bringen dürfen. Welche Voraussetzungen müssen erfüllt sein?

42 Wie wird ein Einzelhändler bezeichnet, der Arzneimittel herstellt und unter seinem Namen in Verkehr bringt?

43 Eine Arzneimittelfirma beantragt eine Herstellungserlaubnis bei der zuständigen Landesbehörde. Welche Voraussetzungen müssen erfüllt sein?

44 Was ist hinsichtlich der Beschriftung von alkoholhaltigen Arzneimitteln, die zur Einnahme dienen, zu beachten?

45 Was ist ein Flammensymbol und welche Flüssigkeiten müssen mit einem solchen gekennzeichnet sein?

46 Nennen Sie weitere brennbare Flüssigkeiten.

47 Dürfen Sie Baldriantinktur aus größeren Gebinden in kleinere Fläschchen abfüllen? Welche Dosierungsempfehlung geben Sie?

48 Dürfen Sie Rizinusöl auf Verlangen eines Kunden abfüllen? Gilt das Gleiche für Baldriantinktur, Arnikatinktur, verdünnte Wasserstoffperoxidlösung, Iodtinktur? Dürfen Sie diese Arzneimittel auch im Voraus abfüllen? Wenn ja, unter welchen Bedingungen?

49 Sind grüne Cellophanbeutel zur Abgabe von Pfefferminztee geeignet?

50 Welche Stoffe dürfen von Ihnen abgefüllt werden?
a) Eibischsirup
b) Ameisenspiritus
c) Rizinusöl
d) Baldriantinktur
e) Baldrianwein
f) Wacholderextrakt
g) Wacholderspiritus
h) Spitzwegerichauszug
i) Schwefel
k) Talkum
l) Camphersalbe
m) Wacholdersirup

51 Sie haben Hustenteemischungen als Fertigarzneimittel in Ihrem Sortiment. Wie viele Arzneidrogen darf eine solche Mischung enthalten?
a) bis zu drei Arzneidrogen
b) bis zu vier Arzneidrogen
c) bis zu sieben Arzneidrogen
d) die Anzahl ist nicht vorgeschrieben

52 Welche Angaben gehören **nicht** in die Gebrauchsinformation des Beipackzettels?
a) Art der Anwendung
b) Dosierungsanleitung
c) Chargennummer
d) Zulassungsnummer
e) Warnhinweise
f) Name und Adresse des pharmazeutischen Unternehmers
g) Lagerungshinweise
h) Gegenanzeigen
i) Verfallsdatum

53 Welche Angaben gehören in die Gebrauchsinformation des Beipackzettels?
a) Dosierungsanleitung mit Einzel- oder Tagesgabe
b) Anwendungsgebiete
c) Wirksame Bestandteile nach Art und Menge
d) Art und Dauer der Anwendung
e) Nebenwirkungen
f) Wechselwirkungen
g) Verfallsdatum
h) Datum der Fassung der Packungsbeilage

54 Welche Angaben gehören **nicht** auf die äußere Verpackung von Fertigarzneimitteln?
a) Bezeichnung des Arzneimittels
b) Zulassungsnummer
c) Gegenanzeigen
d) Name und Anschrift des pharmazeutischen Unternehmers
e) unverkäufliches Muster
f) Nebenwirkungen
g) apothekenpflichtig
h) die Hilfsstoffe nach Art und Menge
i) Anwendungsgebiete
k) Art der Anwendung
l) homöopathisches Arzneimittel
m) unzugänglich für Kinder aufbewahren
n) Darreichungsform
o) Chargenbezeichnung

55 Wo stehen die Angaben des Beipackzettels (Gebrauchsinformation), wenn das Arzneimittel ohne Umkarton im Verkehr ist?
a) auf dem Etikett
b) der Beipackzettel wird mit einem Gummiband am Flaschenhals befestigt
c) die Angaben können entfallen

56 Gibt es für den in Frage 55 genannten Fall Ausnahmen?

57 Was ist eine Chargenbezeichnung (Ch.-B.)
a) die Nummer, die bei der Zulassung durch das Bundesinstitut für Arzneimittel vergeben wird
b) die Nummer, die bei der Qualitätsprüfung durch den Amtsapotheker vergeben wird
c) die Nummer, mit der die Arzneimittel gekennzeichnet sind, die in einem einheitlichen Arbeitsgang hergestellt wurden
d) die Nummer die bei der Registrierung durch das Bundesgesundheitsamt vergeben wird

58 Was muss statt der Chargennummer auf einem Fertigarzneimittel stehen, das nicht in Chargen hergestellt wird (z. B. wenn Sie im Voraus Tees abfüllen)?
a) Herstellungsdatum
b) Mindesthaltbarkeitsdatum
c) Verfallsdatum

59 Welche Bedingungen müssen bei einem Fertigarzneimittel erfüllt sein?

60 Wie können Sie die in Antwort 59 genannten Bedingungen erfüllen, wenn Sie Tees im Voraus abfüllen, also Fertigarzneimittel herstellen?

61 Welche Aussage trifft für freiverkäufliche Tierarzneimittel zu, die für Hunde und Katzen bestimmt sind?
a) freiverkäufliche Tierarzneimittel dürfen im Automaten verkauft werden
b) Selbstbedienung ist bei freiverkäuflichen Tierarzneimitteln auch ohne Anwesenheit einer sachkundigen Person erlaubt
c) nach Verabreichung muss die angegebene Wartezeit eingehalten werden
d) diese Arzneimittel dürfen in Zoogeschäften nur in Anwesenheit einer sachkundigen Person verkauft werden
e) bei diesen Mitteln handelt es sich nicht um zulassungspflichtige Arzneimittel

62 Welche freiverkäuflichen Arzneimittel dürfen im Reisegewerbe abgegeben werden?
a) Emser Salz
b) Ginseng Tonikum
c) Hühneraugenpflaster
d) Valerianawurzeltee
e) Kamillenblüten als Fertigarzneimittel
f) Moorbäder
g) Knoblauch-Presssaft als Fertigarzneimittel
h) Rheumapflaster

63 Aus welchem Grunde ist eine Mischung aus Baldriantinktur und Melissengeist nicht freiverkäuflich?
a) weil es sich um alkoholhaltige Drogenauszüge handelt
b) weil Baldriantinktur in Arzneibuchqualität der Apotheke vorbehalten ist
c) weil Baldriantinktur und Melissengeist in der Positivliste Anlage 1 a nur einzeln und nicht als Mischung aufgeführt sind
d) weil Melissengeist ein Trockendestillat ist

64 Welches Mittel gegen Durchfall ist apothekenpflichtig?
a) lösliches Teeaufgusspulver aus Pfefferminz-, Walnuss- und Brombeerblättern (Magen-Darmtee)
b) Hamamelisblätter in Aufgussbeuteln
c) Heidelbeerfrüchte
d) Kräuterteemischung „gegen Durchfall“ als Fertigarzneimittel
e) medizinische Kohle als Granulat

65 Sie dürfen bestimmte Arzneimittel an den Endverbraucher abfüllen. Welche gehören **nicht** dazu?
a) Franzbranntwein mit Menthol
b) Essig-weinsaure Tonerde
c) Bittersalz
d) Glycerin
e) Lebertranemulsion
f) Fenchelhonig mit 50% Honig
g) gelbes Vaselin

66 Welche der folgenden freiverkäuflichen Arzneimittel dürfen **ohne** Sachkenntnis im Einzelhandel abgegeben werden?
a) Hustenteemischung im Aufgussbeutel
b) Baldriantropfen
c) Essig-weinsaure Tonerde
d) Sauerstoff
e) Wermuttee als Fertigarzneimittel
f) Hühneraugentinktur
g) Fachinger Wasser
h) Artischockenpresssaft
i) Totes Meersalz
k) Alkohol für Desinfektionszwecke
l) Vaginal-Schaum zur Schwangerschaftsverhütung
m) Durchfallmittel für Wellensittiche

67 Welche Aussage zu Destillaten als Arzneimittel trifft zu?
a) freiverkäuflich sind Destillate aus Pflanzen der Anlage 1 b
b) freiverkäuflich sind Destillate aus Mischungen von freiverkäuflichen Pflanzen als Fertigarzneimittel, auch mit ätherischen Ölen, Campher und Menthol
c) freiverkäuflich sind Trockendestillate aus Pflanzen, deren Wirksamkeit allgemein bekannt ist
d) freiverkäufliche Destillate brauchen nicht zugelassen werden
e) freiverkäuflich sind Destillate aus Mischungen von Pflanzen der Anlage 1 c, auch mit ätherischen Ölen, Campher und Menthol als Fertigarzneimittel
f) freiverkäufliche Destillate sind ohne Sachkenntnis freiverkäuflich

68 Darf eines der Produkte nur mit Sachkenntnis abgegeben werden?
a) Mullbinden
b) Fieberthermometer

c) Hühneraugenpflaster
d) Baumwollwatte
e) Verbandzellstoff

69 Was versteht das Arzneimittelgesetz unter „Bearbeiten“ eines Stoffes, z. B. einer Arzneidroge?
a) umfüllen
b) extrahieren
c) zerkleinern
d) mischen
e) löslich machen

70 Auf der äußeren Umhüllung eines Fertigarzneimittels muss u. a. die Chargennummer angegeben sein. Wer vergibt diese Nummer?
a) Zulassungsstelle
b) Pharmazeutischer Unternehmer
c) Bundesverband der pharmazeutischen Industrie
d) Bundesinstitut für Arzneimittel und Medizinprodukte (BfArM)
e) Einzelhändler

71 Ein sachkundiger Einzelhändler hat eine größere Menge einer Blasen-Nierentee-Mischung bezogen. Darf er jeweils auf Verlangen eines Kunden davon die gewünschte Menge abwiegen?
a) ja, aber nur zur unmittelbaren Abgabe
b) ja, aber nur mit Angabe des Herstellungsdatums und der Anschrift des pharmazeutischen Unternehmers
c) nein, eine Blasen- und Nierentee-Mischung ist nur als zugelassenes Fertigarzneimittel freiverkäuflich
d) nein, Blasen- und Nierentees sind apothekenpflichtig

72 Dürfen Sie als sachkundiger Einzelhändler eine fertig bezogene Blasen-Nierentee-Mischung im Voraus abfüllen?
a) ja, wenn alle Bedingungen der Standardzulassung erfüllt sind und die Drogen Arzneibuchqualität aufweisen
b) ja, wenn ein Zertifikat vorliegt
c) ja, wenn ich keinerlei arzneiliche Aussagen darauf schreibe
d) ja, wenn ich die wirksamen Bestandteile und die Anwendungsgebiete darauf schreibe

6. Gefahren des unsachgemäßen Umgangs mit Arzneimitteln

Fragen zu Punkt 6 der Prüfungsanforderungen gemäß § 4 der Verordnung über den Nachweis der Sachkenntnis:

6. Wissensgebiet: „Es ist festzustellen, ob der Prüfungsteilnehmer die mit dem unsachgemäßen Umgang mit freiverkäuflichen Arzneimitteln verbundenen Gefahren kennt."

1 Kann man mit freiverkäuflichen Arzneimitteln einen Arzneimittelmissbrauch betreiben?

2 Was ist ein Laxanzienabusus?

3 Ist es richtig, wenn man bei chronischer Magenübersäuerung ständig Bullrichsalz zur Neutralisation der Magensäure nimmt?

4 Kann Salicylsäure zur Konservierung von Marmelade verwendet werden?

5 Welche freiverkäuflichen Arzneimittel werden häufig von Alkoholikern gekauft?

6 Was versteht man unter „nichtbestimmungsgemäßem Gebrauch" eines Arzneimittels?

7 Wie hoch ist durchschnittlich der Gehalt an Alkohol in handelsüblichem Melissengeist, in Tonika und in Medizinalweinen?

8 Was ist bei der Einnahme von Frischpflanzenpresssäften besonders zu beachten?

9 Kennen Sie ein alkohol- und konservierungsmittelfreies Tonikum und was ist zu beachten, wenn ein solches Tonikum geöffnet wurde?

10 Welche Personen müssen den Alkoholgehalt von Arzneimitteln besonders berücksichtigen?

11 Welchen Rat geben Sie einem Autofahrer, wenn dieser z.B. gleich bei Ihnen im Geschäft Melissengeist einnehmen will?

12 Was versteht man unter Arzneimittelwechselwirkungen?

13 Worauf muss der Diabetiker bei Arzneimitteln besonders achten?

14 Dürfen Sie Nierenkranken zur Entwässerung Wacholderpräparate empfehlen?

15 Dürfen Sie Kleinkindern bei Husten Rosenhonig mit Borax empfehlen?

16 Dürfen Sie Arnikatinktur bei Herz-Kreislauf-Beschwerden auch zur **innerlichen** Einnahme empfehlen?

17 Kann Bohnenschalentee Diabetiker-Tabletten ersetzen?

18 Kann Misteltee ein vom Arzt verordnetes blutdrucksenkendes Mittel ersetzen?

19 Kann Bärentraubenblättertee bei einer Harnwegsinfektion ein Antibiotikum ersetzen?

20 Kann ein Kunde, der ein vom Arzt verordnetes Digitalispräparat nehmen muss, gleichzeitig dazu ein Weißdornpräparat nehmen?
Wenn ja, was muss er dann beachten?

21 Welche Empfehlungen geben Sie, wenn ein Verbraucher freiverkäufliche Arzneimittel neben verordneten Arzneimitteln einnehmen will?

22 Was verstehen Sie unter Kontraindikation?

23 Was ist ein Warnhinweis bei Arzneimitteln?

24 Sind Arzneipflanzen bzw. Arzneidrogen immer harmlos?

25 Sind freiverkäufliche Arzneimittel immer absolut unschädlich?

26 Können Mittel gegen Magenübersäuerung unerwünschte Wirkungen haben?

27 Sind Sennesblätter und -zubereitungen völlig harmlose und unschädliche Abführmittel? Für welche Zwecke sind sie geeignet?

28 Dürfen Arzneimittel mit Menthol und Campher bei Säuglingen und Kleinkindern unbedenklich angewendet werden?

29 Welche Gefahr ist mit der Anwendung von Vitamin D_3, z. B. in Lebertrankapseln oder Vitamintabletten, bei Kleinkindern verbunden? Nennen Sie ein weiteres Vitamin, das nicht überdosiert werden darf.

30 Warum dürfen Sie Arnikatinktur nicht zur innerlichen Anwendung, z. B. bei Herz-Kreislauf-Störungen, empfehlen?

31 Dürfen Sie Fertigarzneimittel gegen Eisenmangelanämie verkaufen?
Welche Hinweise sind bei der Abgabe von Eisenpräparaten zu geben?

32 Kann eine Dauereinnahme von Lakritze in größeren Mengen zu unerwünschten Wirkungen führen?

33 Dürfen Wacholderzubereitungen unbedenklich über einen längeren Zeitraum angewendet werden?

34 Warum ist auf der Packungsbeilage eine Bezeichnung wie z. B. „Ileus“ als Gegenanzeige nicht zulässig?

35 Darf ein Diabetiker Bohnenschalentee oder Heidelbeerblättertee trinken?

36 Erklären Sie die unterschiedliche Wirkung von Leinsamen und Glaubersalz. Welches Mittel wirkt schonender? Was ist bei der Einnahme zu beachten?

37 Worauf müssen Sie bei der Abgabe von Kleieprodukten hinweisen?

38 Was versteht man unter Arzneimittelwechselwirkung? Nennen Sie einige Beispiele.

39 Ist ein Tee aus Arnikablüten freiverkäuflich? Können bei der Anwendung Nebenwirkungen auftreten?

40 Können freiverkäufliche Arzneimittel zu einem Arzneimittelmissbrauch führen? Nennen Sie gegebenenfalls Beispiele.

41 Welche Gefahren drohen bei der Anwendung von Desinfektionsmitteln, z. B. Sagrotan. Wie kann man solchen Gefahren vorbeugen?

42 Worauf muss beim Umgang mit Salmiakgeist geachtet werden?

43 Welche Gefahr besteht beim unsachgemäßen Umgang mit Salicylsäure enthaltenden Produkten (z. B. Hühneraugentropfen)?

44 Können Sie äußerlich am Gefäß erkennen, ob ein Stoff reizende oder ätzende Wirkung auf Haut und Schleimhaut besitzt?

45 Können Sie äußerlich am Gefäß erkennen, ob eine brennbare Flüssigkeit enthalten ist?

46 Können Wacholderölkapseln längere Zeit eingenommen werden?

47 Gibt es für die Einnahme von Wacholderölkapseln Kontraindikationen (Gegenanzeigen)?

48 Werden Zubereitungen aus Arnikablüten vornehmlich innerlich oder äußerlich angewendet?

49 Dürfen Sie Arnikatinktur auch gegen Herz- und Kreislaufbeschwerden zur inneren Anwendung empfehlen?
Welche Nebenwirkungen können bei der äußerlichen Verwendung von Arnikatinktur auftreten?

50 Kann man mit Muskatnüssen einen Missbrauch betreiben?

51 Bitte ordnen Sie zu:
welche unerwünschte Wirkung kann ein konstanter erhöhter Konsum von Natriumchlorid (**1**) und Melissengeist (**2**) haben?
a) Nierenreizung
b) Haarausfall
c) Magenschleimhautentzündung
d) Bluthochdruck
e) Allergien
f) Leberschaden

52 Warum ist beim Abfüllen von ätherischen Baldriantropfen Vorsicht geboten?
a) weil Ether leicht verfliegt und die Tropfen dadurch unwirksam werden

b) weil die Tropfen leicht brennbar sind
c) weil durch den Ether Benommenheit auftreten kann
d) weil durch Lichteinwirkung Explosionsgefahr besteht
e) weil ätherische Baldriantropfen apothekenpflichtig sind

53 Was sind Nebenwirkungen im Sinne des Arzneimittelgesetzes?
a) unerwünschte Begleiterscheinungen von Arzneimitteln, die über ein vertretbares Maß hinausgehen
b) unerwünschte Begleiterscheinungen, die auch bei richtiger Einnahme von Arzneimitteln auftreten können
c) unerwünschte Wirkungen bei gleichzeitiger Einnahme anderer Mittel
d) bisher nicht bekannte Wirkungen eines Arzneimittels
e) notwendige Begleiterscheinungen bei Einnahme eines Arzneimittels

54 Was ist beim Verkauf eines Hustensaftes an einen älteren Kunden zu bedenken?
a) zuckerhaltige Säfte rufen Ödeme hervor
b) zuckerhaltige Arzneimittel dürfen im Alter grundsätzlich nicht genommen werden
c) Diabetes ist im Alter ein weit verbreitetes Leiden
d) Hustensaft ist nur für Kinder bestimmt
e) Husten gehört zu den Krankheiten, die im Alter grundsätzlich ärztlicher Betreuung bedürfen

55 Was müssen Sie beachten, wenn ein Kunde bei Ihnen 100 g Faulbaumrinde kaufen möchte?
a) die Droge ist nur als Fertigarzneimittel freiverkäuflich
b) die Droge ist nur als Vorbeugungsmittel freiverkäuflich
c) die Droge darf nur mit ausreichend Flüssigkeit eingenommen werden
d) die Droge ruft Wechselwirkungen hervor
e) die Droge steht in der Negativliste 1 b und ist apothekenpflichtig

56 Was versteht man im Bereich Tierarzneimittel unter Wartezeit?
a) die Zeit zwischen Einsatz und Wirkung eines Arzneimittels
b) die Angabe des Mindestalters der Tiere, ab welchem man sie mit dem Mittel behandeln darf
c) die Zeit, die vor der nächsten Verabreichung der Dosis verstreichen muss
d) den Zeitraum zwischen der Verabreichung des Arzneimittels und der Schlachtung der Tiere
e) die Zeit, nach deren Ablauf das Tier genesen ist

57 Ordnen Sie zu:
Gegenanzeigen (**1**) sind, Wechselwirkungen (**2**) sind:
a) Krankheiten, bei denen das Arzneimittel eingenommen werden darf
b) Abschwächung oder Verstärkung von anderen Arzneimitteln
c) erwünschte Wirkung auf ein anderes Arzneimittel
d) Krankheiten, bei denen das Arzneimittel nicht eingenommen werden darf
e) Abschwächung der Arzneimittelwirkung durch Antazida
f) Abschwächung der Arzneimittelwirkung durch Tee

58 Können beim Gebrauch freiverkäuflicher Arzneimittel Nebenwirkungen auftreten?
a) Nebenwirkungen treten hier nie auf
b) Nebenwirkungen können auch beim bestimmungsgemäßen Gebrauch freiverkäuflicher Arzneimittel auftreten
c) Nebenwirkungen treten nur bei verschreibungspflichtigen Arzneimitteln auf
d) Nebenwirkungen treten nur bei nicht bestimmungsgemäßen Gebrauch von freiverkäuflichen Arzneimitteln auf

59 Mehrere Flaschen einer Badeemulsion mit der gleichen Chargen-Nummer haben sich entmischt. Was tun Sie?
a) die betroffenen Flaschen kräftig schütteln bis die Verteilung wieder gleichmäßig ist
b) die betreffenden Flaschen aus dem Verkauf nehmen und vernichten
c) die Flaschen verschenken mit dem Hinweis, dass sie vor Gebrauch geschüttelt werden müssen
d) vorsichtshalber auch die Flaschen mit anderen Chargennummern aus dem Verkehr ziehen
e) alle Flaschen mit der gleichen Chargennummer aus dem Verkehr ziehen und den Hersteller benachrichtigen

60 Was ist beim Verkauf von Hundehalsbändern mit Flohschutz zu beachten?
a) darf nicht länger als 14 Tage getragen werden
b) darf nicht bei Hunden unter 6 kg Körpergewicht angewendet werden
c) darf nicht in die Hände von Kindern gelangen
d) muss mindestens 3 Monate lang angewendet werden
e) darf nicht länger als 6 Wochen angewendet werden

61 Bei welchen Vitaminen besteht die Gefahr einer Überdosierung?
a) Vitamin B_{12}
b) Vitamin A
c) Vitamin E
d) Vitamin B_6
e) Vitamin B_1
f) Vitamin D

62 Darf man Bullrichsalztabletten bei Sodbrennen bedenkenlos einsetzen?
a) ja, weil es sich um ein freiverkäufliches Arzneimittel handelt
b) ja, weil es ein Stoff im Sinne des Arzneimittelgesetzes ist
c) ja, weil es ein natürliches Gemisch ist
d) nein, weil es die Bildung von Magensäure immer mehr anregt
e) nein, weil es die Magensäure nicht neutralisiert

63 Welche der folgenden Stoffe sind leicht entzündlich
a) Milchsäure
b) Hoffmannstropfen
c) Essigsäure
d) Salicylsäure
e) Myrrhentinktur
f) ätherische Baldriantinktur
g) Alkohol 70 %
h) Salmiakgeist

64 Welche Aussagen zu Abführmitteln sind **falsch**?
a) Faulbaumrinde ist apothekenpflichtig
b) Sennesblätter sind apothekenpflichtig
c) Anthrachinondrogen bewirken einen „Teufelskreis“ und müssen mit der Zeit immer höher dosiert werden
d) Sennesfrüchte sind freiverkäuflich
e) Leinsamen ist in geschroteter Form am besten wirksam bei Darmträgheit
f) Flohsamen müssen mit sehr viel Flüssigkeit eingenommen werden

65 Welches freiverkäufliche Arzneimittel sollte bei eingeschränkter Leberfunktion nicht abgegeben werden?
a) Lebertran in Kapseln
b) Wacholderextrakt
c) Kräuterblutsaft mit Eisen alkoholfrei
d) Melissengeist
e) Mariendistelfrüchte

66 Welche Aussage zu Beruhigungsmitteln ist **falsch**?
a) Baldrianwurzeln, Hopfenzapfen, Melissenblätter und Passionsblumenkraut sind gut wirksam gegen Schlaflosigkeit
b) Karmelitergeist und Melissengeist sind alte Hausmittel zur Beruhigung und Entspannung
c) Johanniskraut ist gegen leichte Depressionen wirksam
d) Baldrianwurzeln, Hopfenzapfen, Melissenblätter und Passionsblumenkraut sind geeignet zur Beruhigung der Nerven und Förderung des Schlafes
e) Lecithinpräparate haben keine beruhigende Wirkung

67 Was ist beim Verkauf von Arzneimitteln an ältere Kunden immer zu bedenken?
a) bei freiverkäuflichen Arzneimitteln ist mit unerwünschten Wirkungen nicht zu rechnen
b) ältere Menschen sind heute in ihrer Verfassung mit jüngeren Kunden vergleichbar
c) viele ältere Kunden nehmen mehrere verordnete Arzneimittel ein, so dass Wechselwirkungen mit freiverkäuflichen Arzneimitteln möglich sind
d) auch auf Gegenanzeigen: „nicht anwenden bei" ist bei älteren Kunden eher zu achten
e) an ältere Menschen dürfen keine zuckerhaltigen Arzneimittel verkauft werden

68 Welche Wirkungen haben die Abführmittel A–D? Ordnen Sie zu.
a) Quellwirkung
b) Gleitwirkung
c) reizende Wirkung auf den Dünndarm
d) osmotische Wirkung

A) Leinsamen
B) Paraffinöl
C) Rizinusöl
D) Glauber- und Bittersalz

7. Vorschriften des Arzneimittelrechts und der Werbung auf dem Gebiet des Heilwesens

Fragen zu Punkt 7 der Prüfungsanforderungen gemäß § 4 der Verordnung über den Nachweis der Sachkenntnis:

7. Wissensgebiet: „Es ist festzustellen, ob der Prüfungsteilnehmer die für freiverkäufliche Arzneimittel geltenden Vorschriften des Arzneimittelrechts und der Werbung auf dem Gebiet des Heilwesens kennt."

1 Wann ist das zur Zeit gültige Arzneimittelgesetz verkündet worden und wann ist es in Kraft getreten? Was ist der Zweck des Gesetzes?

2 In welchen Gesetzen wurde der Verkehr mit freiverkäuflichen Arzneimitteln vor dem AMG 1976 geregelt?

3 Aus welchem Jahr stammt die Neufassung des Heilmittelwerbegesetzes?

4 Was versteht man unter einem Arzneimittel, einem „arzneilichen" Stoff und einem Fertigarzneimittel und woran erkennt man ein **freiverkäufliches** Arzneimittel?

5 Was versteht man unter „herstellen" laut AMG 1976?

6 Was ist eine Charge?

7 Wann wird der Einzelhändler zum pharmazeutischen Unternehmer?

8 Ein Lohnhersteller füllt für ein Einzelhandelsgeschäft Drogen ab, das diese abgefüllten Drogen unter seinem eigenen Namen in den Verkehr bringt. Wer ist hier der pharmazeutische Unternehmer?

9 Kennen Sie die Bestimmungen der **Gefährdungshaftung** nach § 84 AMG sowie die Höchstbeträge des **Ersatzpflichtigen** nach § 88 AMG bei verschuldeteten Arzneimittelschäden?

10 Nennen Sie Verstöße gegen § 8 AMG (= Verbote zum Schutz vor Täuschung).

11 Wie lautet die Sonderregelung der Herstellungserlaubnis für den Einzelhändler in § 13 AMG 1976?

12 Was sind Standardzulassungen?

13 Nennen Sie Beispiele für Arzneimittel mit Standardzulassung.

14 Welche Pflanzen (Drogen) unterliegen der Apothekenpflicht? Nennen Sie einige Beispiele.

15 Welche Darreichungsformen unterliegen der Apothekenpflicht? Welche Wirkungen schließen Arzneimittel von der Freiverkäuflichkeit grundsätzlich aus?

16 Welche Arzneimittel dürfen im Reisegewerbe und welche ohne Sachkenntnis vertrieben werden?

17 Was ist bezüglich der Selbstbedienung mit Arzneimitteln zu beachten?

18 In welchem Buch finden Sie verbindliche Regeln über Qualität, Herstellung, Prüfung und Lagerung von Arzneimitteln?

19 Welche Arzneibücher sind für die Bundesrepublik Deutschland zur Zeit gültig?

20 Wer ist in Einzelhandelsgeschäften für die Überwachung freiverkäuflicher Arzneimittel zuständig?

21 Was machen Sie mit den vom Überwachungsbeamten hinterlassenen versiegelten Gegenproben?

22 Welcher Behörde müssen Sie die Eröffnung eines „Kräuterladens“ anzeigen, wenn es sich bei den Kräutern um freiverkäufliche Arzneimittel handelt?

23 Was ist im Arzneimittelgesetz (AMG) und was ist im Heilmittelwerbegesetz (HWG) geregelt? Nennen Sie Beispiele.

24 Sieht das Arzneimittelgesetz auch den Rückruf von Arzneimitteln vor?

25 Wie hoch kann die maximale Geldbuße bei Ordnungswidrigkeiten (nach § 97 AMG) sein?

26 Unter welchen Voraussetzungen darf der Einzelhändler Arzneidrogen und Teemischungen im Voraus abfüllen, also „Fertigarzneimittel“ herstellen?

27 Darf der sachkundige Einzelhändler auch Arzneimittel herstellen, die keine Fertigarzneimittel sind?

28 Was bedeutet Sachkenntnis? Was dürfen Sie tun, wenn Sie die Prüfung bestanden haben?

29 Wie lange gelten die durch die Übergangsregelung zugelassenen Arzneispezialitäten als zugelassen? Was verstehen Sie unter „Nachzulassung“?

30 Was ist eine Herstellungserlaubnis? Wem wird sie erteilt, und welche Voraussetzungen sind zu erfüllen?

31 Woran sind diejenigen Fertigarzneimittel zu erkennen, die nach dem 1. Januar 1978 zugelassen bzw. nachzugelassen worden sind?

32 Was wissen Sie über die Arzneimittel-Warnhinweisverordnung?

33 Gibt es Arzneimittel, die durch Automaten abgegeben werden dürfen?

34 Was wird durch das Heilmittelwerbegesetz geregelt? Welche Mittel sind hiervon betroffen?

35 Wann muss der Einzelhändler das HWG eigenverantwortlich berücksichtigen?

36 Was versteht man unter „Publikumswerbung“ und was versteht man unter Werbung in „Fachkreisen“?

37 Nennen Sie Beispiele für **irreführende** Werbung.

38 Welche Mindestangaben müssen in jedem Fall auf einem Werbeplakat oder einer Zeitungs- oder Zeitschriftenwerbung enthalten sein?

39 Müssen nachgewiesene Nebenwirkungen und vorgeschriebene Warnhinweise auch in der Laien-Printwerbung genannt werden oder nur in der Packungsbeilage?

40 Worin unterscheiden sich die Pflichtangaben gemäß § 4 HWG für Publikumswerbung und für Werbung in Fachkreisen?

41 Was versteht man unter Erinnerungswerbung?

42 Nennen Sie Beispiele für unzulässige Werbung gemäß §§ 6–10 HWG.

43 Dürfen sie einem Kunden, um ihn zum Kauf eines Schwedenkräuter-Tonikums anzuregen, sagen, daß die „Schwedenkräuter" von Frau Maria Treben zur Heilung und Linderung vieler Krankheiten empfohlen werden?

44 Dürfen Sie in einem Werbeprospekt, der für Kunden gedacht ist, schreiben, dass das betreffende Arzneimittel vom Nobelpreisträger XY entwickelt und empfohlen wurde, wenn dies der Wahrheit entspricht und Sie ganz genau die Literaturstelle angeben?

45 Dürfen Sie z. B. zu Weihnachten besonders guten Kunden ein Tonikum im Werte von ca. 8,– € als Zugabe geben?

46 Dürfen Sie für ein pflanzliches Mittel gegen Schlaflosigkeit werben?

47 Nennen Sie verbotene Werbemaßnahmen gemäß § 11 HWG.

48 Dürfen Sie zur Werbung für ein Arzneimittel eine durchaus ernst zu nehmende wissenschaftliche Veröffentlichung in Ihrem Schaufenster ausstellen und dürfen Sie eine solche Publikation Ihrem Fachkollegen zur Information geben?

49 Dürfen Sie ein Werbeplakat für ein Venenmittel verwenden, auf dem z. B. ein Bein mit deutlich sichtbaren Krampfadern vor der Behandlung und ein solches mit kaum erkennbaren Krampfadern nach der Behandlung abgebildet sind?

50 Dürfen sie folgende Zeitungsanzeige aufgeben: „Nur mit unserem Leberschutzmittel können Sie bei der heutigen Umweltbelastung dem Leberkrebs entgehen."

51 Dürfen Sie Arzneimittelmuster und -proben an Kunden abgeben? Wie steht es mit der Abgabe von Mustern oder Proben von anderen Mitteln?

52 Darf für Arzneimittel zur Anwendung bei jeglicher Krankheit geworben werden?

53 Darf für Arzneimittel zur Behebung von Vitamin- und Mineralstoffmangel geworben werden?

54 Darf für Arzneimittel zur Vorbeugung von Eisenmangelanämie geworben werden?

55 Darf für Arzneimittel zur Vorbeugung von Krampfadern (Varikose) geworben werden?

56 Darf für Arzneimittel zur Vorbeugung einer Herzmuskelschwäche geworben werden?

57 Darf für Arzneimittel zur **unterstützenden Behandlung** von Geschwulstkrankheiten geworben werden?

58 In welchem Gesetz und an welcher Stelle ist eine ähnliche Krankheitsliste wie im HWG aufgeführt?

59 Dürfen Sie in Ihrem Schaufenster Kleinblütiges Weideröschen dekorieren und dazu schreiben: „Nach Maria Treben auch wirksam bei Prostataentzündungen und Prostatakrebs"?

60 Dürfen Sie in Ihrem Schaufenster Mistelkraut dekorieren und dazu schreiben: „Gegen hohen Blutdruck"?

61 Was versteht man unter ordnungswidrigem Handeln? Welche Geldbußen sind für Ordnungswidrigkeiten vorgesehen?

62 Darf eine ausländische Firma bei uns für ihre Produkte werben?

63 Wie müssen Pflanzen und Pflanzenteile in freiverkäuflichen Fertigarzneimitteln bezeichnet sein?
a) nur mit dem verkehrsüblichen deutschen Namen
b) mit dem deutschen und lateinischen Namen
c) mit einem Phantasienamen, z. B. „Japanische Piperita" oder „Valerianawurzel"
d) mit dem volkstümlichen Namen
e) mit ihrem korrekten lateinischen Namen

64 Sind Röntgenkontrastmittel
a) echte Arzneimittel
b) fiktive Arzneimittel
c) kosmetische Mittel
d) diätetische Lebensmittel
e) Medizinprodukte

65 Freiverkäufliche Arzneimittel dürfen **nicht** abgegeben werden zum
a) Verhüten von Darmträgheit und Verstopfung
b) Beseitigen von Darmträgheit und Verstopfung
c) Lindern von Erkältungskrankheiten
d) Beseitigen von Magengeschwüren
e) Vorbeugen oder Verhüten von Krankheiten

66 Was versteht man unter „Inverkehrbringen“?
a) Herstellen von Arzneimitteln
b) Abfüllen und Abpacken von Arzneimitteln
c) Vorrätighalten von Arzneimitteln zum Verkauf
d) Kennzeichnen von Arzneimitteln
e) Anbieten von Arzneimitteln zum Verkauf
f) keine der genannten Tätigkeiten

67 Welche Aussage entspricht **nicht** dem § 1 des Arzneimittelgesetzes?
a) das Gesetz dient der ordnungsgemäßen Arzneimittelversorgung von Mensch und Tier
b) das Gesetz soll für die Sicherheit im Verkehr mit Arzneimitteln sorgen
c) das Gesetz soll dazu beitragen, Krankheiten zu erkennen und zu verhüten
d) das Gesetz soll die Unbedenklichkeit von Arzneimitteln sicherstellen
e) das Gesetz soll für Qualität und Wirksamkeit von Arzneimitteln sorgen

68 Wer haftet gemäß § 84 AMG, wenn ein Mensch zu Schaden kommt, der ein Fertigarzneimittel bestimmungsgemäß angewendet hat?
a) der behandelnde Arzt
b) der pharmazeutische Unternehmer
c) die sachkundige Person
d) derjenige, der das Arzneimittel in den Verkehr gebracht hat

69 Wer ist „pharmazeutischer Unternehmer“?
a) ausschließlich eine Firma, die einen Herstellungsleiter hat
b) ausschließlich eine Firma, die einen Kontrollleiter hat
c) derjenige, der Arzneimittel in den Verkehr bringt
d) derjenige, der Arzneimittel unter seinem Namen in den Verkehr bringt
e) ein Hersteller, der freiverkäufliche Arzneimittel unverändert abfüllt

70 Welche der folgenden Werbeaussagen ist laut Heilmittelwerbegesetz für freiverkäufliche Arzneimittel zulässig?
a) Ihre Krampfadern bilden sich garantiert zurück
b) wenn kein Erfolg, dann Geld zurück
c) unser Hopfenkissen beseitigt zuverlässig Ihre Schlaflosigkeit
d) Kürbiskerne sind wirksam gegen Prostatavergrößerung
e) Prof. Dr. Schlau empfiehlt hochdosiertes Vitamin C zur Verhütung von Krebs
f) Teufelskrallentonikum verhütet rheumatische Beschwerden

71 Welche Mindestangabe muss bei einer Arzneimittelwerbung im Schaufenster gemacht werden?
a) Gegenanzeigen
b) Verfalldatum
c) Zusammensetzung des Arzneimittels nach Art und Menge der wirksamen Bestandteile
d) Nebenwirkungen
e) Bezeichnung des Arzneimittels und Anwendungsgebiete
f) Name des pharmazeutischen Unternehmers

72 Welche Publikumswerbung für freiverkäufliche Arzneimittel ist zulässig?
a) eine Werbung, die mit Preisausschreiben oder Verlosung verbunden ist
b) eine Werbung mit der Bezeichnung des Arzneimittels und seinen Wirkungen
c) eine Werbung mit ärztlichen oder anderweitigen Empfehlungen
d) eine Werbung mit Dankschreiben zufriedener Kunden
e) eine Werbung, bei der Sie in Ausübung ihres Berufes zu sehen sind, z. B. bei der Empfehlung des Mittels an einen Kunden

73 Für welche Arzneimittel darf **nicht** in Publikumszeitschriften geworben werden?
a) für Arzneimittel zum Beheben von Vitamin- und Mineralstoffmangel
b) für Arzneimittel zum Beseitigen von Eisenmangelanämie
c) für Arzneimittel für Arzneimittel gegen allgemeine Arteriosklerose
d) für Arzneimittel gegen Prostatavergrößerung und Entzündung der Prostata
e) für Arzneimittel gegen Kopfschmerzen
f) für Arzneimittel gegen rheumatische Beschwerden

74 Welche Bestimmung gilt für Arzneimittelproben?
a) Proben dürfen nur von solchen Arzneimitteln abgegeben werden, die ohne Sachkundenachweis freiverkäuflich sind
b) Arzneimittelproben dürfen nur auf Verlangen des Kunden abgegeben werden
c) Arzneimittelproben dürfen an Kunden überhaupt nicht abgegeben werden
d) Arzneimittelproben gibt es nur in der Apotheke
e) Proben für freiverkäufliche Arzneimittel dürfen ohne Einschränkung abgegeben werden

75 Welche Anlage führt diejenigen Pflanzen auf, die in freiverkäuflichen Arzneimitteln **nicht** enthalten sein dürfen?
a) Anlage 1 a
b) Anlage 1 b
c) Anlage 1 c
d) Anlage 1 d
e) Anlage 3

76 Welcher Buchstabe gehört zu welcher Anlage?
a) Pflanzen für Dragees, Tabletten oder Kapseln
b) Stoffe und Zubereitungen für Lutschpräparate gegen Husten oder Heiserkeit
c) Stoffe oder Zubereitungen für Abführmittel
d) Stoffe oder Zubereitungen für Mittel gegen Hühneraugen und Hornhaut
f) Pflanzen für lösliche Teeaufgusspulver
Anlage 1 a) 1 b) 1 c) 1 d) 1 e) 2 a) 2 b) 2 c)

77 Welche der folgenden Angaben muss bei der Publikumswerbung für ein freiverkäufliches Arzneimittel gemacht werden?
a) Bezeichnung des Arzneimittels
b) Chargennummer
c) Verfallsdatum
d) Zulassungsnummer
e) Zusammensetzung
f) Art der Anwendung

78 Welche der folgenden Angaben muss bei der Publikumswerbung für ein freiverkäufliches Arzneimittel gemacht werden?
a) Dosierungsanleitung
b) Darreichungsform
c) Anwendungsgebiete
d) Nebenwirkungen
e) Gegenanzeigen
f) Wechselwirkungen

79 Welche Kenntnisse brauchen Sie bei der Sachkenntnisprüfung nach § 50 AMG **nicht** nachzuweisen?
a) Kenntnisse über die in freiverkäuflichen Arzneimittel vorkommenden Drogen und Chemikalien
b) Kenntnisse über die Kennzeichnung der freiverkäuflichen Arzneimittel
c) Kenntnisse über ordnungsgemäße Lagerung
d) Kenntnisse über die Verfälschungen der wichtigsten Arzneidrogen
e) Kenntnisse über den Nachweis von Drogeninhaltsstoffen
f) Kenntnisse über die wichtigsten gesetzlichen Bestimmungen über den Verkehr mit freiverkäuflichen Arzneimitteln
g) Kenntnisse über die Herstellungsmethoden der wichtigsten freiverkäuflichen Arzneimittel

80 Welche Werbemethoden sind für Arzneimittel **nicht** erlaubt?
a) Auslegen von Werbezetteln im Geschäft
b) Anzeigen in der Zeitung mit Preisangabe
c) Fernsehwerbung für freiverkäufliche Arzneimittel
d) Organisation von Kaffeefahrten zum Zwecke der Entgegennahme von Bestellungen
e) Ausschank eines Arzneitonikums als „Geschmacksprobe“ in Ihrem Geschäft
f) Anbieten von unverkäuflichen Mustern durch Selbstbedienungskörbchen neben der Kasse
g) Postwurfsendung mit Werbung für Arzneimittel
h) Anbieten von freiverkäuflichen Arzneimitteln in der Selbstbedienung
i) Werbung mit ärztlichen Gutachten **innerhalb** der Fachkreise
k) Fernsehwerbung für apothekenpflichtige Arzneimittel

81 Welche Werbemethoden für freiverkäufliche Arzneimittel sind erlaubt?
a) Auslegen von Werbezetteln im Geschäft
b) Arzneimittelproben auf Anfrage aushändigen
c) Arzneimittelproben unaufgefordert an der Kasse in die Tüte packen
d) Werbung mit Dankschreiben
e) Werbung für den Bezug von freiverkäuflichen Arzneimitteln im Versandhandel
f) Einlösen von Arzneimittelgutscheinen, die evtl. in einer Kundenzeitschrift abgedruckt sind

82 Mit welchen Angaben darf bei einer **Erinnerungswerbung** geworben werden?
a) Name des Arzneimittels und Anwendung
b) Name des Arzneimittels und Preis
c) Name des Arzneimittels und Firma
d) Name des Arzneimittels und Nebenwirkungen
e) Name des Arzneimittels und Wartezeit

83 Welche Aufgabe haben Sie, wenn Sie die einzige sachkundige Person im Geschäft sind?
a) Sie müssen gelegentlich in der Betriebsstätte anwesend sein
b) Sie müssen regelmäßig die Arzneimittel, auch in Hinblick auf das Verfallsdatum kontrollieren
c) Sie dürfen nur persönlich freiverkäufliche Arzneimittel abgeben
d) Sie können bei Ausfall der sachkundigen Person auch mehrere Betriebsstätten gleichzeitig betreuen
e) Sie haften, wenn ein Kunde durch ein freiverkäufliches Fertigarzneimittel, das von einer Firma bezogen wurde, einen Schaden erleidet
f) Sie müssen bei „losen" Arzneidrogen eine Identitätsprüfung vornehmen

84 Wo findet man eine Sammlung anerkannter pharmazeutischer Regeln über die Qualität, Prüfung, Lagerung, Abgabe und Bezeichnung von Arzneimitteln (z. B. von Drogen)?
a) in aktuellen Bekanntmachungen des Bundesinstituts für Arzneimittel und Medizinprodukte (BfArM)
b) in Mitteilungen der Industrie- und Handelskammer
c) im gültigen Arzneibuch
d) im Arzneimittelgesetz
e) im monatlichen Rundschreiben des Einzelhandelsverbandes

85 Für welche Arzneimittel darf **außerhalb der Fachkreise** keine Werbung gemacht werden?
a) Arzneimittel zur Vorbeugung von Krampfadern
b) Tabletten gegen Kopfschmerzen
c) Kapseln gegen grippale Infekte
d) Dragees gegen hohen Blutdruck
e) Tee gegen Magengeschwüre
f) Schlaftabletten
g) Dragees gegen Reisekrankheit

86 Welche Tätigkeiten werden als „Herstellen“ im Sinne des Arzneimittelgesetzes verstanden?
a) Auszeichnen von Teedrogen
b) Abfüllen von Baldriantinktur
c) Feilbieten von Heilwässern
d) Vorrätighalten von Arzneidrogen
e) Inverkehrbringen von Fertigarzneimitteln
f) Abpacken von Dragees

87 In welche der folgenden Gruppen werden Arzneimittel gemäß Arzneimittelgesetz eingeteilt?
a) freiverkäuflich, reformhauspflichtig, apothekenpflichtig
b) apothekenpflichtig, verschreibungspflichtig
c) freiverkäuflich, verschreibungspflichtig
d) freiverkäuflich, apothekenpflichtig, verschreibungspflichtig
e) freiverkäuflich, drogeriepflichtig, apothekenpflichtig

88 Wann trat das Arzneimittelgesetz von 1976 in Kraft?
a) 01. 09. 1976
b) 01. 08. 1977
c) 01. 01. 1978
d) 01. 04. 1979
e) 01. 07. 1980

89 Gegen welche Krankheiten dürfen Sie Arzneimittel verkaufen?
a) Krampfadern
b) Bindehautentzündung
c) Magenübersäuerung
d) Gicht
e) Magengeschwür
f) Magenschleimhautentzündung

90 Welche Darreichungsformen sind immer apothekenpflichtig?
a) Pulver
b) Filmtabletten
c) Lotionen
d) Injektionen
e) Infusionen
f) Suspensionen

91 Nach § 44 des Arzneimittelgesetzes sind bestimmte Pflanzen und aus Pflanzen hergestellte Produkte als „Heilmittel“ freiverkäuflich. Welche?
a) Presssäfte aus frischen Pflanzen mit Zusatz von Alkohol
b) Presssäfte aus getrockneten, wieder aufgeweichten Pflanzen

c) gemischte Presssäfte
d) Trockendestillate aus Pflanzen und Pflanzenteilen
e) Mischungen aus Pflanzenteilen als Fertigarzneimittel
f) lösliches Teeaufgusspulver aus Schöllkraut

92 Welche Voraussetzung ist nach § 50 Arzneimittelgesetz vom Einzelhändler zu erfüllen, wenn er selbst Arzneimittel abfüllen, d.h. herstellen will?
a) Gesundheitszeugnis
b) Sachkundenachweis für freiverkäufliche Arzneimittel
c) qualified person nach § 14 AMG 76
d) sachkundiger Vertriebsleiter

93 Sie haben als Sachkundige(r) Ihren zuverlässigsten Auszubildenden damit beauftragt, 10 Tüten Hustentee abzufüllen, den Sie seit Jahren von einem zuverlässigen Lieferanten beziehen. Durch einen Etikettierfehler der Firma sind Arnikablüten geliefert und abgefüllt worden, die bei einigen Kunden zu Magenreizung und Kreislaufstörungen geführt haben. Wer ist für den Schaden haftbar?
a) der Betrieb, der den Tee verwechselt hat
b) der Besitzer des Geschäftes, in dem Sie angestellt sind
c) der Auszubildende, der regelmäßig den gleichen Hustentee abgefüllt hat
d) Sie persönlich, weil Sie keine Identitätsprüfung vorgenommen haben

II. Antworten

Die Antworten sind in die sieben Wissensgebiete der Prüfungsanforderungen gemäß §4 der Verordnung über den Nachweis der Sachkenntnis im Einzelhandel mit freiverkäuflichen Arzneimitteln unterteilt.

1. Das Sortiment freiverkäuflicher Arzneimittel

Antworten zu Punkt 1 der Prüfungsanforderungen gemäß § 4 der Verordnung über den Nachweis der Sachkenntnis:

„Es ist festzustellen, ob der Prüfungsteilnehmer das Sortiment freiverkäuflicher Arzneimittel übersieht."

1 **Arzneimittel** im Sinne des Arzneimittelgesetzes sind Stoffe und Zubereitungen aus Stoffen, die dazu bestimmt sind, innerlich oder äußerlich bei Mensch und Tier

1. Krankheiten, Leiden, Körperschäden oder krankhafte Beschwerden zu **heilen** und **lindern** (= Heilmittel), zu **verhüten** (= Vorbeugungsmittel oder Prophylaktika), zu **erkennen** (= Diagnostika, z.B. Tuberkulin-Test, Röntgenkontrastmittel)
2. die Beschaffenheit, den Zustand oder die Funktion des Körpers erkennen zu lassen (z.B. Galle-, Leber-, Magen-, Nierenfunktionstest) oder zu beeinflussen (z.B. Mittel zur Unterdrückung des Hungergefühls, Raucherentwöhnungsmittel, Potenzmittel, Antibabypille usw.)
3. vom menschlichen oder tierischen Körper erzeugte Wirkstoffe oder Körperflüssigkeiten zu ersetzen (z.B. Pepsin und andere Verdauungsfermente, Insulin, künstliche Tränenflüssigkeit, Blutersatz usw.)
4. Krankheitserreger (z.B. Bakterien, Pilze), Parasiten (z.B. Läuse, Krätzemilben) oder körperfremde Stoffe (z.B. Giftstoffe) abzuwehren, zu beseitigen oder unschädlich zu machen. (Beispiele: Desinfektionsmittel, Läusemittel, Insektenstifte, medizinische Kohle zum Aufsaugen von Giftstoffen usw.).

2 **Fertigarzneimittel** sind Arzneimittel, die **im Voraus** hergestellt und in einer zur Abgabe an den Verbraucher bestimmten Packung in den Verkehr gebracht werden. Unter diesen Begriff fallen Arzneimittel, die von der pharmzeutischen Industrie in Originalpackungen in den Verkehr gebracht werden oder vom Einzelhändler **im Voraus** zur Abgabe abgefüllt werden. Fertigarzneimittel müssen amtlich zugelassen sein und besitzen eine Zulassungsnummer, die auch auf der Packung steht (Zul.-Nr.) oder für **traditionell angewendete** pflanzliche Arzneimittel eine **Registriernummer** (Reg.-Nr.) nach § 39a–d besitzen.

3 Eine **„Arzneispezialität"** ist ein nach dem alten Arzneimittelgesetz von 1961 registriertes Arzneimittel. Bis es amtlich neu zugelassen wurde, trug es noch die alte Registernummer auf der Packung.

4 **Fiktive Arzneimittel** sind Arzneimittel, die schon 1978, bevor das 2. AMG existierte im Verkehr und nach dem 1. AMG 1961 registriert waren. Die **fiktiven** Arzneimittel durften auch nach dem Inkrafttreten des 2. AMG so lange im Verkehr bleiben, bis eine **Nachzulassung** oder eine **Ablehnung** der Nachzulassung erfolgt ist. 2011 dürfte kein fiktiv zugelassenes Arzneimittel mehr im Verkehr sein.

5 **Lebensmittel** unterliegen dem Lebensmittel- und Bedarfsgegenständegesetz (LMBG 1974). Sie dienen der **Ernährung** oder dem **Genuss** und werden **verzehrt** (gegessen, getrunken). Arzneimittel werden nicht verzehrt, sondern eingenommen und dienen nicht der Ernährung sondern der Heilung, Linderung, Vorbeugung usw.
Kosmetische Mittel unterliegen ebenfalls dem LMBG sowie der Kosmetik-Verordnung, in der *qualitative* Forderungen festgelegt sind. Sie dienen der Reinigung, der Pflege oder der Beeinflussung von Aussehen oder Körpergeruch und werden **äußerlich** oder in der Mundhöhle angewendet. Schönheitsdragees werden eingenommen und sind somit keine kosmetischen Mittel, sondern Arzneimittel, obwohl sie häufig mit dem Begriff „Kosmetik von innen" beworben werden. Ein Mundwasser zur Pflege der Mundhöhle ist ein kosmetisches Mittel, ein Mundwasser gegen Entzündungen im Bereich der Mundhöhle ein Arzneimittel.
Medizinprodukte unterliegen dem Medizinprodukte-Gesetz (MPG), das am **1. Januar 1995** in Kraft getreten ist und in dem 2. AMG von 1976 bzw. 1978 noch nicht enthalten war. Es handelt sich dabei z. B. um Gegenstände, die zu medizinischen

Zwecken in den Körper eingebracht werden (Magensonden, Katheter, Herzklappen, künstliche Gelenke etc.). Ebenso gehören dazu: Zahnprothesen, Kontaktlinsen und -Flüssigkeit, Kondome, Verbandstoffe wie Verbandwatte, Mullbinden, Hansaplast u.s.w. Auch viele ehemalige sogenannte fiktive Arzneimittel (z. B. Labordiagnostika, Teststreifen zur Früherkennung) zählen inzwischen zu den Medizinprodukten. Ein spezieller Sachkundenachweis ist nicht erforderlich. Eine Liste der im Verkehr befindlichen Medizinprodukte ist in dem Buch Fresenius/Niklas/Schilcher, „Freiverkäufliche Arzneimittel", 7. Aufl. 2010, auf der Seite 197 ff. nachzulesen.
Futtermittel für Tiere unterliegen dem Futtermittelgesetz. Sie werden verzehrt (gefressen) und dienen der Ernährung.
Fütterungsarzneimittel sind dagegen Arzneimittel für Tiere.

6 **Diätetische** Lebensmittel unterliegen der Diätverordnung. Sie dienen besonderen Ernährungserfordernissen bei Krankheiten (z. B. natriumfreies Diätsalz bei Bluthochdruck, Süßstoffe und Zuckeraustauschstoffe bei Diabetes und Lebererkrankungen, glutenfreies Mehl bei Zöliakie), in der Schwangerschaft und Stillzeit, beim Sport usw. (s. auch Antwort Nr. 7). Sie tragen keine Zulassungsnummer.

7 Die Aussagen und die Aufmachung sind bei diätetischen Lebensmitteln und Arzneimitteln (insbesondere Vorbeugungsmitteln) oft sehr ähnlich. Vitaminkapseln und -dragees, Nachtkerzenölkapseln, Hefetabletten, Leinsamen usw. werden sowohl als Arzneimittel als auch als diätetische Nahrungsergänzung in Verkehr gebracht. Ein Unterscheidungsmerkmal ist das Verfallsdatum (verwendbar bis) bei Arzneimitteln und das Mindesthaltbarkeitsdatum. Bei den Arzneimitteln steht meist der Satz: **traditionell angewendet** als mild wirkendes Arzneimittel zur Unterstützung, Kräftigung, Vorbeugung etc., wenn das Arzneimittel als traditionell angewendetes pflanzliches Mittel **registriert** ist nach § 39a–d AMG.

8 **Stoffe** im Sinne des AMG sind

1. chemische Elemente (z. B. Eisen, Iod, Natrium, Magnesium, Calcium, Fluor, Kalium, Zink)
   chemische Verbindungen (z. B. Glaubersalz, Bittersalz, Ascorbinsäure, Campher, Kochsalz)
   in der Natur vorkommende Gemische und Lösungen (z. B. Heilerde, Emser Salz, Mineralwässer)
2. Pflanzen, Pflanzenteile (Blätter, Wurzeln, Blüten, Kraut, Rinde, Samen, Holz, Früchte)

Pflanzenbestandteile (ätherische Öle, Flavonoide, Bitterstoffe, Gerbstoffe usw.)

3. Tierkörper, auch lebende Tiere (z. B. Blutegel, Spanische Fliegen)
   Körperteile, -bestandteile und Stoffwechselprodukte von Mensch und Tier (z. B. Katzenfelle, Wollwachs, Pepsin, Propolis, Bienengift, Schlangengift), Organe zur Transplantation (Niere, Herz)
4. Mikroorganismen (Bakterien, Pilze usw.) einschließlich Viren sowie deren Bestandteile oder Stoffwechselprodukte (Penicillin wird z. B. von bestimmten Schimmelpilzen produziert)

Merke:
Ein natürliches Mineralwasser ist also ein **Stoff**, ein künstlich hergestelltes Mineralwasser dagegen eine **Zubereitung**.

9 Laut Anlage 1 a sind als Fertigarzneimittel freiverkäuflich: Fenchelhonig, Melissengeist, Pepsinwein, Vitamin-C-Tabletten, verschiedene Tabletten gegen Sodbrennen, Baldrianwein, Chinawein mit Eisen, Kamillensalbe, Johanniskrautöl, Baldrian-Hopfendragees, Eibischsirup, Manna-Feigensirup, Hefetabletten, Heidelbeersirup, Kamillentropfen, Kohletabletten, Kohlegranulat, Lebertrankapseln, Lebertranemulsion, Kieselsäurepulver, Spitzwegerichsirup, Tannin-Eiweiß-Tabletten, Wacholdermus und -sirup, Zinksalbe usw.

10 (Ja) Sofern Leinsamen mit **arzneilicher Zweckbestimmung** im Voraus abgefüllt werden, handelt es sich um Fertigarzneimittel.

11 Drogen für Lebensmittelzwecke (z. B. Gewürze) dürfen ohne Einschränkung im Voraus abgefüllt werden. Für arzneiliche Zwecke dürfen dagegen vom sachkundigen Einzelhändler nur Drogen und Teemischungen mit **Standardzulassung** als Fertigarzneimittel, d. h. im Voraus abgefüllt werden (s. Frage 12 in Kap. 7). Teemischungen müssen aber fertig gemischt von einem Hersteller bezogen werden.

12 Vitaminkonzentrate für Tiere sind Arzneimittel. Sie dienen der Vorbeugung von Krankheiten bei Tieren. Da der Ernährungszweck nicht überwiegt, gelten sie nicht als Futtermittel.

13 (Ja) Gegenstände, auf die ein arzneilich wirksamer Stoff aufgebracht ist, zählen zu den fiktiven Arzneimitteln (z. B. Rheuma- und Hühneraugenpflaster sowie Floh- und Zeckenhalsbänder für Hunde und Katzen).

14 (Nein) Verbandstoffe zählen neuerdings zu den Medizinprodukten. Sie sind im Medizinproduktegesetz aufgeführt. Sie sind wie alle Medizinprodukte ohne Sachkundenachweis freiverkäuflich.

15 Im § 44 AMG 1976 ist das Sortiment freiverkäuflicher Arzneimittel festgelegt (Ausnahme von der Apothekenpflicht). Ferner ist eine Rechtsverordnung über die Zulassung weiterer Arzneimittel zum Verkehr außerhalb von Apotheken erlassen worden (§ 45). In einer Reihe von Anlagen (sogenannte **„Positivlisten"**) ist genau festgelegt, in welcher Zusammensetzung, in welcher Darreichungsform und zu welchen Zwecken Arzneimittel freiverkäuflich sind. Was in diesen „Positivlisten" im Einzelnen an Stoffen und Zubereitungen aufgeführt ist, finden Sie ausführlich in der Antwort zu Frage 52 in Kapitel 1.
In einer weiteren Rechtsverordnung nach § 46 AMG 1976 wird geregelt, unter welchen Bedingungen ein Arzneimittel, das eigentlich nach § 44 freiverkäuflich wäre, trotzdem der Apothekenpflicht unterstellt werden muss. Die Rechtsverordnung hat drei Anlagen, die als **„Negativlisten"** bezeichnet werden.
Sie bewirken Apothekenpflicht (Anlage 1 b: Pflanzen; Anlage 3: Krankheiten; Anlage 4: Stoffe und Zubereitungen [„Chemikalienliste"]). Siehe dazu die Listen der Anlagen im Buch Fresenius/Niklas/Schilcher, „Freiverkäufliche Arzneimittel", 7. Aufl. 2010, die Seiten 220 bis 243.

16 Ein Prophylaktikum ist ein Vorbeugungsmittel.
Vorbeugungsmittel sind Arzneimittel, die Krankheiten, Leiden, Körperschäden oder krankhafte Beschwerden **verhüten** sollen. „Es handelt sich hierbei also um Arzneimittel, die zu **anderen Zwecken** als zur **Beseitigung** oder **Linderung** von Krankheiten (...) bestimmt sind."
„Heilmittel" heilen oder **lindern.**
Diagnostika dienen zur Erkennung von Krankheiten oder Körperfunktionen (Röntgenkontrastmittel, Schwangerschaftstest, Teststreifen zur Erkennung von Zucker, Leberfunktionstest, AIDS-Test). Wenn Sie nicht am oder im Menschen angewendet werden, sind sie Medizinprodukte.
Desinfektionsmittel sollen Krankheitserreger (Bakterien, Viren, Hautpilze) unschädlich machen. Desinfektionsmittel, die ausschließlich zum äußeren Gebrauch bestimmt sind (z. B. Hand-Desinfektionsmittel, Alkohol) sowie so genannte Grobdesinfektionsmittel (z. B. Sagrotan, Lysoform) dürfen ohne Sachkenntnis im Einzelhandel abgegeben werden (s. Antwort 16, Kap. 7).

17 Nach § 44 AMG 1976 sind 5 Arzneimittel**gruppen** für den Verkehr außerhalb der Apotheke freigegeben (freiverkäuflich):

1. Grundsätzlich alle Arzneimittel, die andere Zwecke haben, als die Beseitigung oder Linderung von Krankheiten usw. (z. B. Mittel zur Funktionsstärkung, Vorbeugungsmittel, Kräftigungsmittel, Diagnostika usw.).
   Bei folgenden Gruppen dürfen „heilende" oder „lindernde" Zwecke genannt sein.
2. a) Natürliche und b) künstliche Heilwässer sowie deren Salze, auch als Tabletten oder Pastillen
3. Medizinische Bäder und Seifen, Fangopackungen, Heilerde, Bademoore (= Peloide)
4. a) Einzeltees, b) Teemischungen als Fertigarzneimittel, c) Pflanzendestillate aus einer Pflanze und d) Frischpflanzenpresssäfte (Lösungsmittel nur Wasser). Bezeichnung verkehrsüblicher deutscher Name!
5. Zum äußeren Gebrauch bestimmte Desinfektionsmittel sowie Mund- und Rachendesinfektionsmittel.

Alle diese Arzneimittelgruppen dürfen allerdings keine apothekenpflichtigen Bestandteile (Chemikalien der Anlage 4 und Pflanzen der Anlage 1 b) enthalten und ihre Zweckbestimmung darf nicht gegen die Anwendungsverbote der Anlage 3 (Krankheitsliste) verstoßen (Rechtsverordnung nach § 46).

18 Vorbeugungsmittel dürfen keine apothekenpflichtigen Bestandteile enthalten (z. B. Chemikalien der Anlage 4 und Pflanzen der Anlage 1 b) und ihre Zweckbestimmung darf nicht gegen die Anwendungsverbote der Anlage 3 (Krankheitsliste) verstoßen.

19 Ein Arzneimittel, das den Husten lindert, ist ein „Heilmittel".

20 Die Anwendungshinweise für Prophylaktika (Vorbeugungsmittel) nach § 44 Abs. 1 lauten: zur Vorbeugung, zur Stärkung und Kräftigung, zur Besserung des Befindens, zur Unterstützung der Organfunktion, als mild wirkendes Arzneimittel. Im Text findet sich in der Regel die Anmerkung: Traditionell angewendet.

21 Typische Vorbeugungsmittel des Marktes sind z. B. Stärkungsmittel (Tonika), die die Leistungsfähigkeit verbessern (insbesondere bei starker Beanspruchung, nach überstandenen Krankheiten, bei Kindern, während der Schwangerschaft, im Alter usw., die Blutbildung fördern, die Atemwege während erhöhter Erkältungsgefahr „kräftigen" oder das körpereigene Abwehrsystem anregen bzw. „stimulieren", die Verdauung „fördern", das Herz „stärken" usw. (z. B. Doppelherz, Biovital, Ginsengpräparate).

Das Sortiment der freiverkäuflichen Arzneimittel besteht zum überwiegenden Teil aus Vorbeugungsmitteln, die nach § 44 Absatz 1 deklariert sind, um die Apothekenpflicht zu umgehen (s. Antwort 20) und somit im Einzelhandel außerhalb der Apotheke verkehrsfähig zu sein (z. B. im Reformhaus).

22 Ein Mineralwasser muss mindestens 1 Gramm gelöste Salze in 1 Liter Wasser enthalten. Wird ein Mineralwasser mit Angabe von Heilwirkungen in den Verkehr gebracht, nennt man es Heilwasser. Dieses ist ein Arzneimittel und trägt eine Zulassungsnummer. Heilwässer dürfen auch gegen einige Krankheiten der Krankheitsliste angewendet werden, für die normalerweise keine freiverkäuflichen Arzneimittel eingesetzt werden dürfen (Stoffwechselkrankheiten, Krankheiten der Leber und Bauchspeicheldrüse sowie Harnwegserkrankungen). Heilwässer sind auch ohne Sachkenntnis freiverkäuflich.

23 Heilwässer enthalten in wechselnder Zusammensetzung Mineralsalze und Spurenelemente. Beispiele: Natriumbicarbonat, Bittersalz in Bitterwässern, Glaubersalz und Karlsbader Salz in abführenden Wässern, Emser Salz im Emser Wasser gegen Bronchialerkrankungen, Eisensalze in Eisenwässern, Salz aus dem Toten Meer, Schwefelsalze in Schwefelwässern usw. kohlensäurehaltige Wässer nennt man Säuerlinge.

24 (Ja) Mineralsalze in Tabletten- oder Pastillenform sind laut § 44 mit Heilaussagen freiverkäuflich.

25 (Nein) Zur **Beseitigung** krankhafter Beschwerden sind Mineralsalze laut § 44 nur als Tabletten oder Pastillen freiverkäuflich. (Zu vorbeugenden Zwecken ist auch die Drageeform zulässig.)

26 „Enteisent“ bedeutet: von Eisenverbindungen befreit (zur Vermeidung einer Braunfärbung des Mineral- oder Heilwassers).

27 (Ja) Heilwässer, die Arsen ab 0,04 mg oder Radium ab einer gewissen (sehr kleinen Menge) enthalten, sind nicht freiverkäuflich.

28 **Peloide** (Griechisch: Ton, Lehm, Schlamm) sind Schlämme (wie z. B. Fango), Moore und ähnliche in der Natur vorkommende Stoffe, die zu Bädern und Packungen dienen. Sie speichern Wärme, die nur ganz langsam abgegeben wird.
Heilerde besteht aus pulverisiertem Ton oder Lehm und wird äußerlich bei Hauterkrankungen sowie innerlich bei Magen-Darm-Störungen verwendet. Sie bindet Giftstoffe und überschüssige Magensäure. Moore sind durch Verwesung von Pflanzen entstanden, also organischen Ursprungs. Sie enthalten

Huminsäuren, Gerbsäuren, Salze, Schwefel usw. Sie werden in Form von Bädern (Bademoore) oder Packungen bei rheumatischen Erkrankungen, Ischias, Hexenschuss, Hautkrankheiten usw. eingesetzt. Durch gleichmäßige langanhaltende Wärme wird eine bessere Durchblutung der Organe erzielt.

29 (Ja) Ein medizinischer Badezusatz aus Pflanzenextrakten und ätherischen Ölen ist als „Heilmittel“ freiverkäuflich, sofern er keine apothekenpflichtigen Bestandteile enthält (z. B. Pflanzen der Anlage 1 b) und nicht gegen die Anwendungsverbote der Krankheitsliste verstößt (Anlage 3). Erlaubt sind z. B. Rheumabäder, Erkältungsbäder, Beruhigungsbäder.

30 (Nein) Gicht ist eine Stoffwechselkrankheit und in Anlage 3 (Krankheitsliste) aufgeführt. Somit sind alle Arzneimittel gegen Gicht apothekenpflichtig.

31 (Ja) Baldrianwein ist als Fertigarzneimittel laut Anlage 1 a zur Linderung krankhafter Beschwerden, z. B. Schlafstörungen, freiverkäuflich.

32 (Nein) Der sachkundige Einzelhändler besitzt für das Mischen von Arzneidrogen keine Herstellungserlaubnis. (Ein Haustee zu Genusszwecken darf gemischt werden, darf aber als Lebensmittel keinerlei arzneiliche Aussagen tragen!)

33 (Ja) Pflanzen der Anlage 1 b sind nicht freiverkäuflich. Pflanzen und -teile müssen mit dem **verkehrsüblichen deutschen Namen** bezeichnet sein. Eine Bezeichnung wie „Japanische Piperita“ ist z. B. nicht zulässig.

34 (Nein) Krankhafte Veränderungen des Blutdrucks fallen unter das Anwendungsverbot der Krankheitsliste (Anlage 3).

35 (Ja) Bei freiverkäuflichen Leber-Galletees (Kräutertee-Mischungen) darf aber lediglich die Beseitigung **funktioneller Störungen** im Leber-Galle-Bereich angesprochen werden. Organische Krankheiten der Leber fallen unter das Anwendungsverbot der Krankheitsliste (Anlage 3). Ein aus mehreren Pflanzen hergestellter Leber-Galle-**Instanttee** ist dagegen nur zur Vorbeugung und nicht zur Linderung von Leber-Galle-Beschwerden freiverkäuflich. Siehe ausführlichere Antwort 67.

36 Anlage 1 b enthält Pflanzen, die nicht freiverkäuflich sind, z. B. Besenginster, Blasentang, Fingerhut, Maiglöckchen, Rainfarn, Goldregen, Tollkirsche, Aloe, Cascararinde, Faulbaumrinde, Rhabarberwurzel, Sennesblätter und -schoten.

37 (Nein) Yohimbe ist in Anlage 1 b aufgeführt und somit nicht freiverkäuflich (Yohimbewurzel ist Bestandteil von apothekenpflichtigen Mitteln zur Steigerung der Potenz).

38 Ein Destillat enthält die **flüchtigen Bestandteile** (ätherische Öle) von Ätherischölpflanzen, gelöst in verdünntem Alkohol (meist über 40 Vol.-%). Es wird durch Destillation gewonnen (zur Herstellung siehe Kapitel 2. Antwort 224).

39 Nach § 44 sind Destillate freiverkäuflich, die aus **einer** Pflanze gewonnen werden (z. B. Meerrettichdestillat). Nach der Verordnung zu § 45 sind auch Destillate freiverkäuflich, die aus **Mischungen** von Pflanzenteilen, ätherischen Ölen, Campher, Menthol, Balsamen oder Harzen hergestellt wurden. (Diese jedoch nur als Fertigarzneimittel, z. B. Olbas, Hienfong, Melissengeist, verschiedene Hustentropfen.)
Solche Destillate müssen immer unter Zusatz einer Flüssigkeit (verdünnter Alkohol) hergestellt werden. **Trockendestillate** sind nicht freiverkäuflich.

40 (Ja) Destillate, die aus Mischungen verschiedener ätherischer Öle hergestellt wurden, sind freiverkäuflich.

41 Melissengeist wird als Fertigarzneimittel mit Heilaussagen freiverkäuflich. Sachkenntnis ist erforderlich.

42 Die handelsüblichen diversen Melissengeiste werden aus etwa 15 Drogen hergestellt, unter denen die Melissenblätter nur einen geringen Teil ausmachen.

43 Ein Pflanzenpresssaft muss aus frischen Pflanzen (jeweils nur einer Art) gewonnen werden. Er darf unter Zusatz von Wasser hergestellt werden. Gemischte Presssäfte aus mehreren Pflanzenarten sind als „Heilmittel" nicht freiverkäuflich. Frischpflanzenpresssäfte dürfen auch ohne Sachkenntnis vertrieben werden, z. B. im Reisegewerbe (s. Kap. 7, Antwort 16).

44 (Nein) Herzinsuffizienz ist eine organische Krankheit des Herzens und fällt unter die Anwendungsbeschränkung der Krankheitsliste (Anlage 3). Somit ist Weißdornpresssaft für diesen Zweck nicht freiverkäuflich und auch nicht geeignet.

45 (Ja) Es gibt einige freiverkäufliche Hustensäfte unter den Frischpflanzenpresssäften (z. B. Spitzwegerich- und Thymianpresssaft) sowie unter den Arzneimitteln, die in der Positivliste Anlage 1 a aufgeführt sind (z. B. Fenchelhonig, Spitzwegerichsirup, Eibischsirup, Rosenhonig).

46 (Ja) Pflaster sind freiverkäuflich (hier sind Pflaster mit Wirkstoffauflage gemeint, z. B. Hühneraugen- und Hornhautpflaster, Zugpflaster, Rheumapflaster), wenn sie keine apothekenpflichtigen Bestandteile enthalten.

47 Wundschnellverbände (z. B. Hansaplast, Leukoplast) sind keine Arzneimittel, sondern Medizinprodukte.

48 Ein Desinfektionsmittel hat den Zweck, Krankheitserreger abzuwehren oder unschädlich zu machen.

49 Freiverkäufliche Desinfektionsmittel unterscheidet man in
a) überwiegend zum äußeren Gebrauch am Körper bestimmte Desinfektionsmittel (z. B. Alkohol, Jodtinktur, Wasserstoffperoxidlösung)
b) Mund- und Rachendesinfektionsmittel
c) Mittel zur Desinfektion von Räumen und Flächen (sog. Grobdesinfektionsmittel, z. B. Lysoform, Sagrotan)

50 (Ja) Iodtinktur ist ein ausschließlich zum äußeren Gebrauch (auf der Haut) bestimmtes Desinfektionsmittel und als Fertigarzneimittel freiverkäuflich, soll aber wegen der Gefahr einer Allergisierung nicht mehr verwendet werden.

51 Mund- und Rachendesinfektionsmittel bekämpfen Erreger in der Mund- und Rachenhöhle. Es handelt sich dabei um Lösungen zum Gurgeln oder zur Mundspülung wie z. B. Salbeitropfen, verdünnte Wasserstoffperoxidlösung, Myrrhentinktur, Ratanhiatinktur oder Tabletten bzw. Pastillen zum Lutschen (z. B. Halstabletten mit Propolis).
Mundwässer, bei denen die Pflege und Reinigung der Mundhöhle im Vordergrund stehen, sind dagegen kosmetische Mittel.

52 Unter Positivlisten versteht man eine Reihe von Anlagen zur Verordnung über die Zulassung von Arzneimitteln für den Verkehr außerhalb der Apotheke nach § 45.
Es gibt folgende **Positivlisten (= Anlagen)**
1 a Umfangreiche Liste von Arzneimitteln, die entweder „lose“ (z. B. Alkohol, bestimmte ätherische Öle, Tinkturen, Glaubersalz, Bittersalz usw.) oder als Fertigarzneimittel (s. Antwort 9) mit Heilaussagen freiverkäuflich sind.
1 c Positivliste mit Pflanzen, die zur Herstellung von Pflanzendragees und -tabletten verwendet werden dürfen. (Höchstens vier Pflanzen in gepulverter Form. Arzneilich nicht wirksame Hilfsstoffe sind erlaubt. Durchmesser muss mindestens 3 Millimeter betragen).

1 d Positivliste mit Pflanzen für ungemischte Teeaufgusspulver. (Instanttees aus Kamille, Fenchel, Pfefferminze, Baldrianwurzel, Weißdornblättern usw.)

1 d + 1 e Positivlisten für gemischte Teeaufgusspulver. (Höchstens sieben Pflanzen der Anlagen 1 d und 1 e). Anwendung als Husten-, Brust-, Brust-Hustentee, Magen-, Darm-, Magen-Darm-Tee, Beruhigungstee, harntreibender Tee.

2 a Positivliste für Mittel gegen Husten und Heiserkeit zum Lutschen.

2 b Positivliste für Abführmittel.

2 c Positivliste für Mittel gegen Hühneraugen und Hornhaut.

Gemeinsam für alle Positivlisten gilt, dass deren Bestimmungen genau eingehalten werden müssen, wenn Heilaussagen gemacht werden.

53 Arnikatinktur und Arnikasalbe sind nur zum äußeren Gebrauch freiverkäuflich, z. B. gegen Prellungen, Zerrungen, Quetschungen, Blutergüsse.

54 Baldriantinktur darf von sachkundigen Einzelhändlern in kleine Fläschchen umgefüllt werden. Baldrianwein ist dagegen nur als (fertig bezogenes) Fertigarzneimittel freiverkäuflich.

55 Eibischsirup ist als Fertigarzneimittel gegen Husten freiverkäuflich (Anlage 1 a).

56 Franzbranntwein wird durch Vermischen von Weinalkohol mit aromatischen Essenzen hergestellt und meist mit Kochsalz, Menthol, Campher, Fichtennadelöl etc. vergällt (ungenießbar gemacht). Er besitzt einen aromatischen Geruch und ist entweder farblos, grün oder mit Zuckercouleur braun gefärbt. Der Alkoholgehalt beträgt mindestens 45 Vol.-% (meist 50 Vol.-%). Verwendung zu durchblutungsfördernden Einreibungen bei Bettlägerigkeit und rheumatischen Beschwerden (Anlage 1 a).

57 Fenchelhonig und Rosenhonig werden innerlich als Hustenmittel verwendet. Sie sind besonders für Kinder geeignet (als „Heilmittel“ gemäß Anlage 1 a).

58 Bittersalz (Magnesiumsulfat) besteht aus weißen Kristallen mit bitter-salzigem Geschmack.
Glaubersalz (Natriumsulfat) besteht aus farblosen Kristallen mit bitter-salzigem Geschmack. Beide werden innerlich als stark wirksame Abführmittel verwendet.

59 Leinöl kann sowohl Arzneimittel (z.B. gegen Störungen im Fettstoffwechsel) als auch Lebensmittel sein (z.B. in der schlesischen Leinöl-Kartoffel-Kur).

60 (Ja) Mentholstifte sind freiverkäuflich (sogenannte „Migränestifte" zum Bestreichen von Stirn und Schläfen).

61 Salicylsäure ist ausschließlich zur äußerlichen Anwendung z.B. in Hühneraugen- und Hornhautmitteln und in Form von Salicyltalg gegen Wundlaufen und Fußschweiß sowie in Desinfektionsmitteln freiverkäuflich.

62 Pepsinwein ist ein Arzneiwein mit Zusatz von Pepsin (= Verdauungsenzym des Magens), Salzsäure und Pomeranzentinktur. Er wird likörglasweise innerlich zur Unterstützung der Magenverdauung verwendet.

63 (Ja) Zum Beispiel Fenchelhonig, Rosenhonig, Eibischsirup und Spitzwegerichsirup sind als „Heilmittel" **gegen** Husten freiverkäuflich.

64 (Ja) Bekannte Mittel sind Floradix, Biovital, eisenhaltige Dragees mit einem Eisengehalt nicht über 15 mg/Tag.

65 (Nein) Trockendestillate sind nicht freiverkäuflich.

66 Tabletten und Dragees zur Linderung von Krankheiten dürfen aus höchstens vier der in der Anlage 1 c bezeichneten Pflanzen und Pflanzenteile hergestellt sein. Ein Zusatz von Pflanzenextrakten ist nicht erlaubt. Zulässig ist nur die Verwendung von Hilfsstoffen, die zur Herstellung notwendig sind. Der Tabletten- oder Dragee-Durchmesser muss mindestens 3 mm betragen. Beispiele: Rheumatabletten, Magentabletten, Weidenrindendragees.

67 Instanttees müssen **wässrige** Gesamtauszüge von **einer** Pflanze der Anlage 1 d oder höchstens **sieben** Pflanzen der Anlagen 1 d und 1 e enthalten. Die beim Eindampfen der wässrigen Auszüge verlorengegangenen ätherischen Öle dürfen anschließend wieder zugesetzt werden (meist als Pulver in mikroverkapselter Form). Ein Zusatz von Hilfsstoffen (Trägersubstanzen) ist erlaubt.

Die „gemischten" Instanttees dürfen als Heilmittel ausschließlich zur Anwendung

a) als „Hustentee", „Brusttee", „Husten- und Brusttee",
b) „Magentee", „Darmtee", „Magen- und Darmtee",
c) „Beruhigungstee" oder
d) „harntreibender Tee" (nicht Nierentee!)

in den Verkehr gebracht werden. Für die Mono-Instanttees gibt es dagegen keine Anwendungsbeschränkungen außer denen der Krankheitsliste (Anlage 3). Ein Instanttee, der nur aus Pfefferminze hergestellt wurde, ist z.B. „gegen Gallenbeschwerden“, also mit Heilaussagen freiverkäuflich (s. auch Antwort 68).

68 Ein **gemischter** Instanttee ist nur als Vorbeugungsmittel z.B. „zur Unterstützung der Leber-Gallen-Funktion“ freiverkäuflich (s. dazu Antwort 67). Ein Instanttee aus Pfefferminze allein ist auch zur Beseitigung von Leber-Gallen-Funktionsstörungen freiverkäuflich.

69 (Nein) Ein gemischter Instanttee darf nur sieben Bestandteile enthalten, um als „Husten- und Brusttee“ (= Heilmittel) freiverkäuflich zu sein. Ein Instanttee „zur Kräftigung der Atemwege“ kann als Vorbeugungsmittel auch acht Bestandteile und mehr enthalten.

70 (Nein) Die Tollkirsche gehört zu den „verbotenen Pflanzen“ der Anlage 1 b und ist somit apothekenpflichtig.

71 Ein Instanttee wird folgendermaßen hergestellt: Von den zu verwendenen Pflanzen wird zunächst ein wässriger Auszug bereitet, dieser etwas eingedickt und dann zusammen mit Trägersubstanzen mittels Walzentrocknung oder Vakuumbandtrocknung schonend getrocknet. Zunehmend wird das Sprühtrocknungsverfahren eingesetzt, das einen höheren Extraktgehalt ermöglicht.
Die beim Eindampfen verlorengegangenen ätherischen Öle werden zum Teil in Pulverform (mikroverkapselt) wieder zugesetzt. Ein Instanttee ist in heißem oder kaltem Wasser sofort löslich.

72 Es ist darauf zu achten, dass ein Instanttee ausreichend viel Pflanzenextrakt enthält (20–50 g auf 100 g) und die verlorengegangenen ätherischen Öle wieder zugesetzt sind. Es gibt leider Instanttees, die bestenfalls als aromatisiertes Zuckerwasser bezeichnet werden können, weil der Anteil an Trägersubstanzen ca. 95 % beträgt und die Trägersubstanz Weißzucker ist.

73 Für „Husten-Instanttees“ dürfen z.B. Eibischwurzeln, Fenchelfrüchte, Huflattichblätter und -blüten, Isländisches Moos, Spitzwegerichkraut, Eukalyptusblätter, Anisfrüchte, Primelwurzel (= Schlüsselblumenwurzel) verwendet werden (Anlagen 1 d + 1 e).

74 Drogen, die für freiverkäufliche Beruhigungs-Instanttees verwendet werden dürfen, sind z.B. Baldrianwurzel, Hopfenzapfen, Melissenblätter, Fenchelfrüchte (Anlagen 1 d + 1 e).

75 Drogen, die für freiverkäufliche Magen-Darm-Instanttees verwendet werden dürfen, sind z. B. Fenchelfrüchte, Kamillenblüten, Pfefferminzblätter, Schafgarbenkraut, Tausendgüldenkraut, Angelikawurzel, Anisfrüchte, Enzianwurzel, Gänsefingerkraut, Kalmuswurzelstock, Kümmelfrüchte.
Drogen, die für freiverkäufliche harntreibende Instanttees verwendet werden dürfen, sind z. B. Birkenblätter, Orthosiphonblätter, Schachtelhalmkraut, Brennesselkraut, Goldrutenkraut, Hauhechelwurzel, Liebstöckelwurzel (Anlagen 1 d + 1 e).

76 Für Mittel gegen Husten oder Heiserkeit ist laut Anlage 2 a der Verordnung nach § 45 nur die Darreichungsform zum Lutschen gestattet.

77 (Nein) Für freiverkäufliche Abführmittel ist keine bestimmte Darreichungsform vorgeschrieben. Rektalzäpfchen sind nicht erlaubt (apothekenpflichtig!). Erlaubt sind z. B. Leinsamen, Weizenkleie-Tabletten, Früchtewürfel aus Feigen, Pflaumen und Milchzucker sowie Rizinusöl-Kapseln.

78 Laut Anlage 2 b dürfen in Abführmitteln z. B. folgende Pflanzen, Pflanzenteile bzw. -bestandteile enthalten sein:
Agar-Agar, Feigen, Fenchelfrüchte, Kümmelfrüchte, Leinsamen, Manna, Pflaumen, Rizinusöl, Tamarindenfrüchte, Tragant, Weizenkleie. Alle anthraglykosidhaltigen Drogen wie Faulbaumrinde, Sennesblätter und -schoten, Sagradarinde, Rhabarberwurzel sind apothekenpflichtig.

79 (Nein) Aloe-Extrakt ist der konzentrierte gereinigte Aloe-Saft. Laut Verordnung ist Aloe-Extrakt nur zum äußerlichen Gebrauch und als Bittermittel in wässrig-alkoholischen Zubereitungen bis zu 20 mg Tagesdosis freigegeben (z. B. in „Schwedenbitter“). Aloe-Extrakt als Abführmittel ist apothekenpflichtig.

80 Hühneraugen- und Hornhautmittel enthalten Salicylsäure als Hauptwirkstoff in einer Konzentration bis zu 40 %. Weitere bekannte Substanzen der Anlage 2 c sind z. B. Essigsäure, Menthol, Milchsäure.

81 (Nein) Die Substanzen der Anlage 2 c sind zur Anwendung gegen Warzen nicht freiverkäuflich (siehe Krankheitsliste).

82 Arzneimittel für Heimtiere, d. h. Zierfische, Zier- und Singvögel, Brieftauben, Terrarientiere und Kleinnager (Hamster, Mäuse) sind freiverkäuflich. Man braucht dazu keinen Sachkundenach-

weis. (Hunde, Katzen, Kaninchen, Hasen usw. sind keine Heimtiere, sondern Haustiere. Sachkundenachweis erforderlich!)

83 Der Verordnungsgeber hat laut § 46 durch eine Rechtsverordnung die Möglichkeit, Arzneimittel, die nach § 44 eigentlich freiverkäuflich wären, wieder der Apothekenpflicht zu unterstellen. Dies kommt vor allem dann in Betracht, wenn bei ihrem bestimmungsgemäßen Gebrauch eine Gefährdung der Gesundheit zu befürchten ist. Außerdem sind laut Rechtsverordnung bestimmte Darreichungsformen, z.B. Rektalzäpfchen, Injektionen sowie Arzneimittel mit bestimmten Wirkungen (z.B. antibiotische, hormonartige) grundsätzlich apothekenpflichtig. In drei Anlagen, den so genannten **Negativlisten**, ist niedergelegt, welche chemischen Verbindungen und welche Pflanzen apothekenpflichtig sind (Anlage 4 = „Chemikalienliste“, Anlage 1 b = „Pflanzenliste“) und welche Anwendungsgebiete für freiverkäufliche Arzneimittel nicht zulässig sind (Anlage 3 = „Krankheitsliste“).

84 Die **Krankheitsliste** ist eine Negativliste. Sie enthält Krankheiten von Mensch und Tier, die auf keinen Fall zur Selbstbehandlung geeignet sind. Hierzu zählen z.B. Infektionskrankheiten (Keuchhusten, Masern, Scharlach), Geschwulstkrankheiten (z.B. Krebs, Warzen, Myome), Krankheiten des Stoffwechsels und der inneren Sekretion (z.B. Gicht, Diabetes, Schilddrüsenkrankheiten), Krankheiten des Blutes und der blutbildenden Organe (z.B. Leukämie, bestimmte Formen der Blutarmut, Knochenmarkserkrankungen), organische Krankheiten der Nerven, Augen, Ohren, des Herzens, der Gefäße (z.B. Venenentzündung, Krampfadern, Hämorrhoiden), organische Krankheiten der Leber, Bauchspeicheldrüse, Niere, Blase, Geschlechtsorgane, Wurmkrankheiten, Lungenkrankheiten, krankhaft veränderter Blutdruck, Ernährungskrankheiten des Säuglings (z.B. Brechdurchfall), Ekzeme, Schuppenflechte, Hautinfektionen.

85 Wichtige **Ausnahmen der Krankheitsliste** sind:
Vitamin- und Mineralstoffmangel sowie alimentäre Fettsucht (Übergewicht durch Überernährung)
Eisenmangelanämie (Blutarmut, die durch Eisenmangel ausgelöst wurde)
allgemeine (altersbedingte) Arteriosklerose und Frostbeulen.
Für diese Anwendungsgebiete sind freiverkäufliche Arzneimittel zulässig.

86 (Nein) Zäpfchen sind apothekenpflichtig, und zweitens sind auch Sennesblätter in jeder Zubereitungsform apothekenpflichtig.

87 Apothekenpflicht besteht für Darreichungsformen wie Injektionen und Infusionen, Zäpfchen, Vaginalzäpfchen (außer zur Schwangerschaftsverhütung), Wundstäbchen und Aerosole, deren Teilchen sehr klein sind. (Aerosole sind vernebelte Arzneimittel zum Einatmen, z. B. bei Asthma.)

88 (Ja) Auch für Heilerden und Bademoore in Kleinpackungen gelten die Anwendungsverbote der Krankheitsliste.

89 (Nein) In Kuranstalten sind die Anwendungsgebiete für Heilerde und Bademoore viel umfassender, als es bei den freiverkäuflichen Produkten erlaubt ist. Die Anwendung geschieht unter ärztlicher Aufsicht; daher muss die Krankheitsliste hier nicht beachtet werden.

90 Arzneimittel mit antibiotischen, blutgerinnungsverzögernden, antiallergischen und hormonartigen Wirkungen sind beispielsweise grundsätzlich apothekenpflichtig.

91 (Ja) Vaginalzäpfchen, Vaginalgele (z. B. Patentex oval, Patentex Gel) zur Schwangerschaftsverhütung sind ohne Sachkenntnis freiverkäuflich. Sie dürfen auch im Automaten in den Verkehr gebracht werden. Kondome sind Medizinprodukte (keine Arzneimittel).

92 Das Mischen von Stoffen und Zubereitungen sowie Arzneimitteln der Anlage 1 a darf nur von einem Hersteller vorgenommen werden, der im Besitz einer Herstellungserlaubnis ist, und zwar nur dann, wenn dies in der Anlage ausdrücklich erlaubt ist (z. B. Baldrianextrakt mit Hopfenextrakt, Kamillenextrakt mit Salbengrundlage, Franzbranntwein mit Menthol, Campher, Fichtennadelöl usw.). Anderenfalls ist das Mittel nicht als „Heilmittel" freiverkäuflich.

93 Es sind keine Darreichungsformen vorgeschrieben. Bekannte Darreichungsformen für Knoblauchprodukte sind Kapseln, Perlen, Dragees, Tropfen, Presssaft.

94

Kamillensalbe:	entzündungshemmend und wundheilend
Camphersalbe (auch mit Zusatz von ätherischen Ölen, Menthol usw.):	äußerlich als Einreibung bei Husten und Erkältungskrankheiten und Rheuma
Kühlsalbe:	kühlende Salbengrundlage (kühlt durch den Wassergehalt), enthält kein Menthol (!); verdirbt leicht; vor Licht, Wärme und Wasserverlust schützen!
Lanolin:	zur Hauptpflege und als Salbengrundlage (besteht aus Wollwachs, flüssigem Paraffin und Wasser)
Vaselin (gelb oder weiß)	Hautschutzsalbe, Salbengrundlage
Zinksalbe, auch mit Lebertran:	kühlende und austrocknende Wundsalbe; mit Lebertran besonders heilungsfördernd (Babysalbe)

Merke: die Aussagen für Ringelblumensalbe dürfen nur lauten: „schützt und pflegt wunde Haut“, da die Calendulasalbe nicht in der Anlage 1a aufgeführt ist.

95 Bedenklich sind Arzneimittel dann, wenn ihre Anwendung mit einem unvertretbar hohen Risiko verbunden ist. Sie sind verboten (z.B. Tabletten aus Immergrünkraut).

96 Als „Heilmittel“ sind laut Anlage 1a z.B. folgende Tinkturen freiverkäuflich: Arnikatinktur, Enziantinktur, Baldriantinktur, Ratanhiatinktur, Myrrhentinktur.

97 „Bearbeiten“ ist das Zerkleinern, Zerstoßen, Pulverisieren eines Stoffes. Sobald irgendein anderer Stoff hinzugefügt wird (z.B. Wasser, eine andere Droge oder Hilfsstoffe), spricht man nicht mehr von „Bearbeiten“, sondern von „Zubereiten“.

98 Laut § 44 müssen Frischpflanzenpresssäfte aus **einer** Pflanzenart gewonnen werden. Dies trifft natürlich nicht für Lebensmittel zu (z.B. Orangen-Karottensaft). Destillate, die aus Mischungen von Pflanzen gewonnen werden, sind zu Heilzwecken freiverkäuflich (Verordnung nach § 45).

99 Medizinische Seifen sind z.B. Teerseife und Schwefelseife, die gegen Akne verwendet werden.

100 Grundsätzlich apothekenpflichtig sind z.B. Antibiotika, blutgerinnungsverzögernde Arzneimittel, Antihistaminika, Hormone, Arzneimittel zur Beeinflussung des vegetativen Nervensystems.

101 a) nein, b) ja, c) ja, d) ja, e) nein (Virusgrippe ist eine Infektionskrankheit, die lt. Krankheitsliste der Anlage 3 für freiverkäufliche Arzneimittel ausgeschlossen ist), f) ja, g) nein, h) ja (nur Magengeschwüre sind in Anlage 3 aufgeführt), i) ja.

102 (Ja) Wacholderextrakt ist laut Anlage 1 a zur Beseitigung oder Linderung von krankhaften Beschwerden freiverkäuflich. Er hat wassertreibende Wirkung. Anwendungsbeschränkung: nicht über einen längeren Zeitraum einnehmen (Reizung des Nierengewebes), nicht bei Schwangerschaft und Nierenkrankheiten.

103 (Nein) Zahnpasten sind in der Regel kosmetische Mittel zur Reinigung und Pflege der Zähne. Dies gilt auch für Zahnpasten, die zur Verhütung von Zahnfleischbluten bestimmt sind.

104 (Ja) Hunde- und Katzenhalsbänder zur Ungezieferbeseitigung sind arzneimittelhaltige Gegenstände, die als Arzneimittel gelten (sog. fiktive Arzneimittel). Für den Verkauf ist der Sachkundenachweis erforderlich (Hunde und Katzen zählen nicht zu den „Heimtieren").

105 (Ja) Rheumapflaster sind als fiktive Arzneimittel freiverkäuflich, sofern keine apothekenpflichtigen Bestandteile enthalten sind. Ein Rheumapflaster mit Belladonnaextrakt des früheren ABC-Pflasters war apothekenpflichtig, weil Belladonna (= Tollkirsche) in der Negativliste Pflanzen (Anlage 1 b) aufgeführt ist.

106 Wenn ein Mundwasser überwiegend zur Desinfektion bestimmt ist, gehört es zu den Mund- und Rachendesinfektionsmitteln. Ist es nur zur Reinigung und Pflege bestimmt, zählt es zu den Kosmetika.

107 Myrrhentinktur ist ein Mund- und Rachendesinfektionsmittel (Pinseln, Gurgeln). Sie ist gerbstoffreich und hat zusammenziehende und leicht bakterienhemmende Wirkung.

108 (Ja) Es gibt flüssige Eisenpräparate (Floradix mit Eisen – Kräuterblut, Biovital) und Eisenpräparate in Drageeform. Bei höherer Dosierung kann es zu Verstopfung und Magenbeschwerden kommen. Bei Eisenspeicherkrankheit und Eisenverwertungsstörungen dürfen keine Eisenpräparate gegeben werden.

109 Gebräuchliche Hühneraugenmittel sind z.B.:
W-Tropfen, Rote Tinktur, Scholl Hühneraugentinktur, Eidexe Schälkur.

110 (Ja) Freiverkäuflich sind Abführmittel der Anlage 2b, z.B. Agar, Feigen, Milchzucker, Leinsamen, Pflaumen, Rizinusöl, Tamarindenfrüchte, Tragant, Weizenkleie. Eine bestimmte Darreichungsform ist nicht vorgeschrieben (z.B. Früchtewürfel, Tabletten, Granulat, Kapseln). Sennesblätter etc. sind apothekenpflichtig!

111 Die Anthrachinondrogen Faulbaumrinde, Cascararinde, Rhabarberwurzel, Sennesblätter, Sennesschoten, Aloe sind apothekenpflichtig, da sie bei längerer unkontrollierter Anwendung Elektrolytverluste verursachen (v.a. Kalium), wodurch die Darmträgheit noch verstärkt wird. Auch die übrige Muskeltätigkeit kann beeinträchtigt werden, sogar die des Herzmuskels.

112 Baldrianwurzel, Eibischwurzel, Fenchelfrüchte, Kamillenblüten, Pfefferminzblätter, Weißdornblätter sind Pflanzen der Anlage 1d. Es gibt keine Beschränkung der Anwendungsgebiete (mit Ausnahme der Krankheiten der Krankheitsliste, Anlage 3). Vergleiche Antwort 67.

113 Lebertran, Murmeltierfett, Dachsfett usw. sind Arzneimittel. Tierische Fette sind überwiegend Lebensmittel. Schweineschmalz kann auch Grundlage für Arzneimittel (Salben) sein.

114 Eine getrocknete, zerkleinerte Droge ist ein Stoff, der bearbeitet wurde. Eine Drogenmischung ist dagegen eine Zubereitung.

115 (Nein) Chinin ist in der Negativliste Anlage 4 aufgeführt, und Malaria ist laut Anlage 3 für freiverkäufliche Arzneimittel als Anwendungsgebiet ausgeschlossen.

116 Tonika sind Stärkungsmittel, die entweder zur Leistungssteigerung des Gesamtorganismus (Vitamin-Energetikum, Ginsengtonikum) oder einzelner Organe (Venentonikum) eingesetzt werden. Sie sind **nicht** mit Heilaussagen freiverkäuflich, da sie weder in § 44, noch in der Verordnung nach § 45 aufgeführt sind.

117 Watte, Verbandzellstoff, Verbandsgewebe, Mullbinden, Wundschnellverband (Verbandpflaster) sind Verbandstoffe. Sie sind als Medizinprodukte freiverkäuflich (keine Arzneimittel). Ein flüssiger Verband zum Aufsprühen („Sprühpflaster“) zählt ebenfalls zu den Medizinprodukten und ist freiverkäuflich.

118 Gegen Erkältung können folgende „Heilmittel" außerhalb der Apotheke verkauft werden: Erkältungsbäder, Heilwasser (Emser Wasser), Einzeltees, Teemischungen, Destillate, Frischpflanzenpresssäfte. (Diese Produkte sind laut § 44 freiverkäuflich.)
Außerdem: Einreibungen (Camphersalbe), Spitzwegerich-Sirup, ätherische Öle (zum Inhalieren), zusammengesetzte Destillate (Hienfong, Olbas), Pflanzentabletten und -dragees, Instanttees, Zubereitungen zum Lutschen (Lutschpastillen), Vitamin-C-Tabletten. (Diese Produkte finden Sie in den Anlagen der Verordnung zu § 45. Siehe Seiten 220–235 in Fresenius/Niklas/Schilcher, 7. Aufl. 2010)

119 Salben zum Einreiben der Brust (Erkältungssalben), Rheumasalben und Herzsalben gegen funktionelle Herzbeschwerden sind mit Heilaussagen freiverkäuflich, sofern es sich um Camphersalben, auch mit Zusatz von ätherischen Ölen, Menthol usw., handelt. S. dazu Anlage 1 a.

120 3 %iges Borwasser ist nicht freiverkäuflich. Es handelt sich um eine wässrige Lösung von Borsäure. Borsäure ist aber in Anlage 4 (Verordnung nach § 46) aufgeführt (Negativliste!).
Alle anderen genannten Flüssigkeiten sind in Anlage 1 a (Positivliste) aufgeführt und somit freiverkäuflich.

121 Antwort d) ist richtig (verschreibungspflichtig, apothekenpflichtig, freiverkäuflich).

122 Antwort d) ist richtig. Arzneimittel, die durch gesetzliche Bestimmungen (Verordnung über apothekenpflichtige und freiverkäufliche Arzneimittel mit 10 ausführlichen Anlagen) für den Verkehr außerhalb der Apotheken freigegeben sind).

123 Antwort c) ist richtig. Natriumhydrogencarbonat „Bullrichsalz" ist als Fertigarzneimittel in Form von Pulver, Tabletten, Granulat oder Kapseln freiverkäuflich (Anlage 1 a zur Verordnung nach § 45).

124 Antwort b) ist richtig. (Sennesblätter sind seit 1990 nur noch in Apotheken erhältlich.)

125 Antwort a) ist richtig (Rainfarnblüten sind nicht freiverkäuflich).

126 Antwort c) ist richtig (Schöllkraut ist nicht freiverkäuflich).

127 a), b), c), d) sind Stoffe, e) Johanniskrautöl ist dagegen eine Zubereitung, bei der Johanniskrautblüten mit Olivenöl nach einem bestimmten Verfahren ausgezogen (extrahiert) werden.

128 Antwort d) ist richtig. Generics waren nach dem Arzneimittelgesetz 1961 (AMG 1961) nur mit dem Anwendungsgebiet und nicht mit Phantasienamen zu bezeichnen. In vielen Fällen handelt es sich um **Nachahmerpräparate**, sogenannte „Trittbrettfahrer-Präparate“ von geprüften Originalprodukten mit eingetragenen Handelsnamen.

129 Nur c) und e) sind richtig (Rheumasalbe in Form der Camphersalbe und Eichenrinde gegen Frostbeulen). Bei den unter a), b) und f) genannten Produkten sind Krankheiten der Krankheitsliste aufgeführt. Im Fall der Arnikatinktur d) ist die äußerliche Anwendung vorgeschrieben.

130 b) und c) können im Automaten angeboten werden. Wundschnellverband (z.B. Hansaplast) ist kein Arzneimittel (Medizinprodukt).

131 d) ist richtig. Vitamin-C-Brausetabletten sind in Anlage 1a zur VO nach §45 aufgeführt. Sie sind als Fertigarzneimittel mit Heilaussagen freiverkäuflich.

132 Glaubersalz, Bittersalz und Kochsalz sind chemische Verbindungen (a, b und d). Emser Salz und Karlsbader Salz sind Salzmischungen, die in natürlichen Heilwässern vorkommen.

133 Zulässig sind nur a), d) und e). Gegen organische Krankheiten der Leber, der Gefäße des Herzens sind freiverkäufliche Arzneimittel nicht zulässig, auch nicht zur Vorbeugung! Funktionelle Herzbeschwerden zählen nicht zu den organischen Krankheiten; deshalb sind freiverkäufliche Arzneimittel in diesem Fall zulässig.

134 a), b), c), d), f) sind nicht für den Verkehr außerhalb der Apotheke freigegeben. Lediglich Kieselsäure ist freiverkäuflich (Anlage 1a). (Anthrachinone, Senföl, Vitamin-A-Kapseln über 3000 I.E. (Einzeldosis) und Borsäure sind in der „Negativliste“ Anlage 4 zur Verordnung nach §46 aufgeführt. Lebertran ist laut Anlage 1a nur in Kapselform oder als Lebertranemulsion freiverkäuflich.)

135 Antwort c) ist richtig. Fachinger Wasser ist als natürlich vorkommende Lösung keine Zubereitung, sondern ein Stoff.

136 Freiverkäufliche Arzneimittel sind: a), b), f), g).
c) ist kein Arzneimittel, sondern ein Kosmetikum zur Mundpflege, d) Mittel gegen Warzen sind apothekenpflichtig, e) sind Lebensmittel.

137 Keine! Mittel gegen Prostataleiden sind apothekenpflichtig (Anlage 3). Kürbiskerne, Kleinblütiges Weidenröschen sind lediglich mit den folgenden Anwendungsgebieten freiverkäuflich: „zur Kräftigung der Blasenmuskulatur, auch bei beginnender Prostatavergrößerung, bei nächtlichem Harndrang, zur Verbesserung der Blasenentleerung" usw.

138 Ein Frischpflanzenpresssaft darf laut § 44 (2) nur mit Wasser hergestellt werden.

139 (Nein) Heilwässer sind auch gegen Krankheiten des Stoffwechsels und der inneren Sekretion, organische Krankheiten der Leber und der Bauchspeicheldrüse sowie gegen Krankheiten der Harn- und Geschlechtsorgane freiverkäuflich. (Andere freiverkäufliche Arzneimittel nicht.)

140 Antwort c) ist richtig. Organische Krankheiten des Nervensystems schließen die Anwendung von freiverkäuflichen Arzneimitteln aus (Anlage 3). Die anderen genannten Anwendungsgebiete sind für freiverkäufliche Arzneimittel zulässig.

141 Emser Salz wird aus Emser-Mineral-Wasser gewonnen oder künstlich in gleicher Zusammensetzung hergestellt. Es wird als Salz, Tabletten oder Pastillen gegen Brorichialerkrankungen oder Heiserkeit verwendet.

142 Emser Wasser und Emser Salz sind ohne Sachkenntnis freiverkäuflich (§ 51, Reisegewerbe), Emser Salzpastillen oder -tabletten dagegen nur mit Sachkenntnis.

143 Antwort a) ist richtig.
Die anderen Salben sind alle als „Heilmittel" in der Positivliste Anlage 1 a aufgeführt und somit freiverkäuflich.

144 (1) e); (2) d)

145 b) ist richtig. Tamarindenmus ist in der Positivliste Anlage 2 b aufgeführt (Tamarindenfrüchte und deren Zubereitungen).

146 a) ist richtig. Laut Positivliste Anlage 1 a ist Lebertran nur als Lebertranemulsion und in Form von Kapseln freiverkäuflich.

147 b) ist richtig. Ampullen und Zäpfchen gehören zu den apothekenpflichtigen Darreichungsformen, Warzen sind in der Negativliste „Krankheiten“ als Geschwulstkrankheiten aufgeführt und Salze sind als „Heilmittel“ nur in Form von Tabletten und Pastillen freiverkäuflich und nicht auch als Dragees.

148 c), d) und f) sind richtig. Blasentang ist in der Negativliste 1 b aufgeführt, Iodtinktur ist (laut Anlage 4) nur bis 5 % freiverkäuflich, Zink**salbe** ist laut Anlage 1 a als „Heilmittel“ freiverkäuflich, nicht aber Zink**paste**.

149 d), e), g) und h) sind ohne Sachkenntnis im Reisegewerbe freiverkäuflich (Einzeldrogen, Frischpflanzenpresssäfte, Heilwässer und deren Salze).

150 b), g) und h) sind richtig. Die übrigen Arzneimittel (a), c), d), e)) sind freiverkäuflich im Reisegewerbe.

151 Für d), e), f), g) sind freiverkäufliche Arzneimittel nicht zulässig (Negativliste „Krankheiten“, Anlage 3).

152 b), c), f), g) sind keine kosmetischen Mittel.

153 a), b), c), e), f) sind keine Arzneimittel. a), b), c) zählen zu den Medizinprodukten, e) ist Kosmetikum, f) ist Lebensmittel.

154 a), d), e), g) sind apothekenpflichtig. b), c) und f) sind laut Positivliste Anlage 1 a freiverkäuflich.

155 b), e), g) sind gegen Husten zu empfehlen. Rosenhonig **ohne** Borax ebenfalls. (Borax fällt als Borsäure-Verbindung unter die Negativliste Anlage 4.)

156 e) ist richtig (vergleiche die Positivliste Anlage 2 c).

157 c) und h) sind apothekenpflichtig (Negativliste 1 b; Pflanzen). Die übrigen stehen in der Positivliste Anlage 1 a.

158 b) ist richtig. Essig-weinsaure Tonerde (besser bekannt als Essigsaure Tonerde) ist unter der Bezeichnung Aluminiumacetat-tartrat-Lösung in der Positivliste Anlage 1 a aufgeführt.

159 1 b), 2 b), 3 b), 4 b) sind richtig. 1 ist laut § 44 ein freiverkäufliches Arzneimittel; es besitzt eine Zulassungsnummer. 2, 3 und 4 sind in der Positivliste Anlage 1 a aufgeführt. Vitamin C ist allerdings auch als diätetisches Lebensmittel (zur Nahrungsergänzung) im Verkehr.

160 b), h) und f) sind richtig.

161 a), c) und f) sind richtig. Freiverkäufliche Arzneimittel dürfen auch nicht zur Vorbeugung der genannten Krankheiten verkauft werden, wohl aber zur **Funktionsstärkung** der Organe.

162 Für lösliche Teeaufgusspulver als „Heilmittel“ sind die Anwendungsgebiete c), f), g) und h) **nicht** erlaubt.

163 Für lösliche Teeaufgusspulver als „Heilmittel“ sind die Anwendungsgebiete a), c), e) und f) erlaubt.

164 c) ist richtig. Fichtennadelspiritus mit 70 %igem Alkohol ist als „Heilmittel“ freiverkäuflich (Salmiakgeist = Ammoniaklösung bis 10 %, Fenchelhonig mit mindestens 50 % Honig, Iodtinktur bis 5 %, Franzbranntwein mit mindestens 45 %igem Alkohol wären ebenfalls als „Heilmittel“ freiverkäuflich).

165 a), b), d) und f) sind Arzneimittel, i ist normales Lebensmittel; somit sind sie keine diätetischen Lebensmittel.

166 Richtige Antwort ist c). Franzbranntwein zum Einreiben bei Verstauchungen ist ein Arzneimittel. Gleiches gilt für Shampoo zur Abtötung von Läusen und für ein Mittel zur Bekämpfung von Fußpilz.

167 b) (Drag. oder Tabl. mit Aloe-Extrakt oder Sennesblätterpulver sind apothekenpflichtig), Fruchtzucker ist ein diätetisches Lebensmittel, Heilerde ist nach § 44 Abs. 2 Nr. 2 freiverkäuflich, gleiches gilt für die Heilkräuter-Teemischung nach § 44, Abs. 3.

168 a), weil **Borsäure** als Arzneistoff in Anlage 4 der VO für freiverkäufliche Arzneimittel gelistet und damit apothekenpflichtig ist.

2. In freiverkäuflichen Arzneimitteln verwendete Pflanzen, Chemikalien und ihre Darreichungsformen

Antworten zu Punkt 2 der Prüfungsanforderungen:
„Es ist festzustellen, ob der Prüfungsteilnehmer die in freiverkäuflichen Arzneimitteln üblicherweise verwendeten Pflanzen und Chemikalien sowie die Darreichungsformen kennt."

1 Unter Drogen versteht man im Allgemeinen getrocknete Arzneipflanzen oder deren Pflanzenteile (Blätter, Blüten, Wurzeln, Rinden, Kraut, Samen, Früchte, Holz), aber auch Pflanzenbestandteile, bei denen keine Struktur mehr zu erkennen ist (z.B. Agar-Agar, ätherische und fette Öle usw.).

2 Unter Drogenwirkstoffen versteht man Pflanzeninhaltsstoffe, die für die Wirkung einer Arzneidroge verantwortlich oder daran mitbeteiligt sind, z.B. ätherische Öle, Bitterstoffe, Gerbstoffe, Saponine, Schleimstoffe.

3 Ätherische Öle sind flüssig, flüchtig und lipophil (sehr wenig wasserlöslich). Drogen mit ätherischen Ölen sind an ihrem Duft zu erkennen; aufgrund der Flüchtigkeit der ätherischen Öle ist besondere Sorgfalt bei der Lagerung vonnöten. Ätherische Öle lassen sich aus den Pflanzen herausdestillieren und lösen sich gut in Alkohol. Sie hinterlassen im Unterschied zu fetten Ölen keinen Fettfleck auf einem Filterpapier.
Drogen mit ätherischen Ölen finden unter anderem Anwendung bei Magen- und Darmerkrankungen (Kamille, Kümmel, Pfefferminze), Erkrankungen der Atmungsorgane (Salbei, Thymian, Fenchel), zum Desinfizieren der Mund- und Rachenhöhle (Salbei, Thymian, Pfefferminze).

4 Flavonoiddrogen zeichnen sich durch das Vorkommen größerer Mengen häufig gelb gefärbter Verbindungen aus (flavus = gelb). Flavonoiddrogen haben ganz unterschiedliche Wirkungen. Am besten untersucht sind die Wirkungen des Flavonoids Rutin. Es wirkt abdichtend auf die kleinsten Blutgefäße (Kapillaren), erhält ihre Elastizität und beugt dem Brüchigwerden vor (Zahnfleischbluten ist z.B. ein sichtbares Zeichen für krankhafte Veränderungen der Kapillaren). Eine Droge, in der das Rutin in größeren Mengen (über 4 %) vorkommt, ist z.B. Buchweizenkraut. Andere Flavonoiddrogen sind z.B. Weißdornblätter und -blüten (Erweiterung der Herzkranzgefäße, bessere Versorgung des Herzmuskels mit Sauerstoff), Birkenblätter (harntreibend), Passionsblumenkraut (beruhigend), Mariendistelfrüchte (Funktionsstärkung von Leber und Galle), Holunder- und Lindenblüten (schweißtreibend). Voraussetzung für eine Wirkung ist immer eine relativ hohe Dosierung und Langzeittherapie.

5 Anthrachinon-Drogen sind z.B. Aloe, Faulbaumrinde, Cascara-Rinde (= Rinde des amerikanischen Faulbaums), Rhabarberwurzeln, Sennesblätter und -schoten. Sie wirken abführend und sind apothekenpflichtig. (Negativliste Anlage 1 b)

6 Bitterstoffdrogen üben durch ihren bitteren Geschmack einen Reiz auf bestimmte Geschmacksnerven der Zunge aus und setzen auf diese Weise einen Mechanismus in Gang, der zu einer Mehrproduktion von Verdauungssäften führt. Der Appetit wird angeregt, und/oder es kommt zu einer besseren Verwertung der Nahrung. Voraussetzung ist aber, dass die Zubereitung aus Bitterstoffdrogen (Tee, Presssaft) eine halbe Stunde vor dem Essen langsam und schluckweise getrunken wird. Bitterstoffe sind hitzeempflindlich. Längeres Kochen oder mehrfaches Aufwärmen sind daher zu vermeiden.

7 Eibischwurzeln, Isländisch Moos, Malvenblüten, Huflattichblätter, sind Schleimdrogen, die gegen Reizhusten verwendet werden. Leinsamen und Flohsamen besitzen unverdaulichen Schleim und sind daher aufgrund ihres Quellungsvermögens im Darm gegen chronische Verstopfung geeignet.

8 Gerbstoffe haben die Eigenschaft, sich mit den Eiweißmolekülen der obersten Haut- und Schleimhautschichten zu verbinden. Die Haut wird „gegerbt“, d.h. verfestigt (= adstringierende, zusammenziehende Wirkung). Durch die Bildung dieser „Schutzschicht“ kommt es zu einer reizmildernden, entzün-

dungshemmenden Wirkung (z. B. äußerlich bei Sonnenbrand), den Bakterien wird auf diese Weise der Nährboden entzogen (innerlich bei Durchfall), Blutkapillaren werden abgedichtet (z. B. Pinselungen gegen Zahnfleischbluten), und es kommt zu einer schweißhemmenden Wirkung (z. B. bei Fußschweiß). Typische Gerbstoffdrogen sind z. B. Eichenrinde, Tormentillwurzel (Blutwurz), getrocknete Heidelbeeren.

9 Wässrige Auszüge von Saponindrogen schäumen beim Schütteln, da sich die Wirkstoffe seifenähnlich verhalten (Sapo = Seife) und die Oberflächenspannung des Wassers herabsetzen. Beim Pulverisieren von Saponindrogen kommt es am Auge zu Tränenfluss und in der Nase zu schnupfenartiger Sekretvermehrung (Niespulver). Viele Saponindrogen werden als Hustendrogen (Expektoranzien) verwendet, da sie den zähen Schleim in den Atemwegen verflüssigen und das Abhusten erleichtern (Primelwurzel, Süßholzwurzel, Wollblumen). Daneben gibt es noch Saponindrogen mit Sonderwirkungen (Rosskastaniensamen, Ginsengwurzel, Süßholzwurzel – siehe dazu Schilcher, H.: „Kleines Heilkräuter-Lexikon", 5. Aufl. 2008).

10 d) und g) wirken schweißtreibend; Achtung: Salbei wirkt schweißhemmend!

11 (4) a, (3) b, (1) c, (2) d

12 e) ist richtig (herz- kreislaufstärkend)

13 c) ist richtig (Salbeiblätter)

14 (Nein) Wildgesammelte Drogen sind nicht unbedingt besser als angebaute Drogen. Oft weisen sie wesentlich höhere Rückstände an Schadstoffen auf als angebaute Pflanzen. Auch Verwechslungen sind bei einer Wildsammlung viel leichter möglich. Ferner ist bei Arzneipflanzenkulturen das Spektrum der die Wirksamkeit mitbestimmenden Inhaltsstoffe konstanter als bei wildgesammelten Heilkräutern.

15 Vorteile beim Heilpflanzenanbau: Man kann Sorten anbauen, die qualitativ hochwertig, d. h. reich an Wirkstoffen sind. Man kann schadstoffarme Böden aussuchen oder den Boden dadurch reinigen, dass man vor dem Anbau der Heilpflanzen geeignete andere Pflanzen anbaut. Man kann Pflanzenschutzmittel verwenden, die bei der Ernte wieder abgebaut sind. Es können keine Verfälschungen mit ähnlich aussehenden Drogen vorkommen.

16 Arnikablüten, Birkenblätter, Lindenblüten, Bärentraubenblätter, Weißdornblüten, -blätter und -früchte, Mistelkraut und Brennnesselkraut stammen vorrangig aus der Wildsammlung. Erst kleinflächig werden Arnika, Brennnessel und Weißdorn auch kultiviert.

17 Antwort d) ist richtig: Jakobskreuzkraut darf nicht in einem freiverkäuflichen Tee enthalten sein. (Negativliste Anlage 1 b)

18 Häufig verarbeitete Drogen in Venenmitteln sind: Rosskastaniensamen, Mäusedornwurzel (Ruscus), Steinkleekraut, Buchweizenkraut. In freiverkäuflichen Herzmitteln: Weißdornblätter mit Blüten und Rosmarinblätter. Die Kombination aus Knoblauch und Mistel dient zur Vorbeugung gegen allgemeine Arteriosklerose. Venentonika sind zur Stärkung, Besserung der Venenfunktion, Verhütung von Ödemen etc. freiverkäuflich, aber **nicht** zur Beseitigung oder Linderung von Venenerkrankungen. (Sie sind weder in § 44, noch in der Verordnung zu § 45 aufgeführt.)

19 Der Einzelhändler kann vom Leinsamen nur den Geschmack (ranzig, bitter) und das Aussehen (Verschmutzung, Befall mit Drogenschädlingen, Schimmel usw.) prüfen bzw. sich vergewissern, dass das Verfalldatum nicht abgelaufen ist. Im Labor werden Prüfungen durchgeführt zur Bestimmung der Quellzahl, Keimzahl (Bakterien), des Schadstoffgehaltes sowie Analysen, die etwas über die zu erwartende Haltbarkeitsdauer aussagen.

20 Bei einer Darmträgheit sollte man besser ganzen Leinsamen verwenden. Er quillt langsam und stetig im Darm und löst so über einen lang anhaltenden Dehnungsreiz (Quelldruck) die Peristaltik (Darmbewegung) aus. Wie klinische Untersuchungen gezeigt haben, wirkt geschroteter Leinsamen weniger gut, da er zu schnell quillt. Er führt darüber hinaus durch das reichlich vorhandene fette Öl zu einer erheblich höheren Kalorienbelastung als ganzer Leinsamen.

21 (Nein) Der sachkundige Einzelhändler darf Leinsamen als **Arzneimittel** nur in **unveränderter** Form abgeben (§ 13 Abs. 5). Er darf aber nach abgeschlossenem Verkaufsakt seine Mühle zum Schroten von Leinsamen zur Verfügung stellen.

22 Geschroteter Leinsamen ist höchstens 1–2 Tage haltbar, wenn er als Arzneimittel verwendet werden soll.

23 Das Deutsche Arzneibuch (DAB) schreibt vor, dass Leinsamen unmittelbar vor dem Gebrauch, also am gleichen Tag, zerkleinert werden muss. Geschroteter Leinsamen darf nach dem Arzneibuch nicht vorrätig gehalten werden. (Dies gilt nicht, wenn Leinsamen als Lebensmittel verwendet wird.)

24 Sennesblätter sind in apothekenpflichtigen Abführmitteln enthalten (z. B. in Bekunis Instant Tee, Neda-Früchtewürfeln). Sie sind nicht unschädlich, da sie bei Dauergebrauch zu Kaliumverlusten im Körper führen. Dies hat eine Schwächung der Darmmuskulatur zur Folge, was zu verstärkter Darmträgheit und immer höherer Dosierung führt (Teufelskreis). Weitere Drogen mit ähnlichen Wirkstoffen und Wirkungen sind Faulbaumrinde, Rhabarberwurzel, Cascararinde, Sennesschoten und Aloe. Sie sind nicht freiverkäuflich. (s. Negativliste Anlage 1 b)

25 Rosmarinblätter (kreislaufanregend, belebend), Fichtennadelöl (durchblutungsfördernd, gegen Erkältung), Wacholderbeeren (gegen Rheuma), Rosskastaniensamenextrakt (zur Förderung des venösen Kreislaufs), Melissenblätter und Lavendelblüten (zur Beruhigung) sind Bestandteile von medizinischen Bädern.

26 Bestandteile von Erkältungsbädern sind: ätherisches Fichtennadelöl, Eukalyptusöl, Pfefferminzöl, Rosmarinöl, Latschenkiefernöl, Thymianöl.

27 Mittel gegen kurzfristigen Durchfall sind: Apfelpektin, Leinsamenschleim, Heilerde, Tee aus Tormentillwurzel (Blutwurz) oder aus getrockneten Heidelbeeren, lang (15 min.) gezogener Schwarztee, Tannin-Eiweiß-Tabletten, medizinische Kohle, Elektrolytlösungen (Salzlösungen).

28 Baldrianwurzeln werden zur Dämpfung nervöser Erscheinungen sowie bei Einschlafstörungen verwendet. Ähnlichen Zwecken dienen z. B. Hopfenzapfen, Melissenblätter, Passionsblumenkraut. Beachtet werden müssen ausreichende Dosierungen.

29 Baldriantinktur dient als Beruhigungs- und Einschlafmittel. **Dosierung:** 2–3mal täglich 1/2 Teelöffel. Vor dem Einschlafen 1 Teelöffel, jeweils verdünnt mit einem halben Glas Wasser. Kinder nehmen die Hälfte ein.

30 Ätherische Baldriantinktur enthält Ether und Alkohol im Verhältnis 1:5. Sie wird tropfenweise innerlich als Hausmittel zur Krampfstillung und bei Ohnmachten verwendet. **Feuergefährlich!**

31 (Ja) Baldrianwein ist als „Heilmittel“ (Anlage 1 a) freiverkäuflich, aber nur als Fertigarzneimittel.

32 Baldrianwein wird im Gegensatz zur Baldriantinktur nicht mit verdünntem Alkohol, sondern mit Medizinalwein hergestellt. Weitere Arzneiweine sind z. B. Chinawein (Bitterstoffe, appetitanregend). Kondurangowein (Bitterstoffe, appetitanregend), Rosmarinwein, Ysopwein (ätherische Öle; sekretionsanregend im Verdauungstrakt; kreislaufanregend). Pepsinwein (Pepsin, Salzsäure; zur besseren Eiweißverdauung).

33 Der Alkoholgehalt von Medizinalweinen beträgt etwa 16 Vol.-%. Medizinalweine werden auch als Likörweine gehandelt.

34 Der Arzneihopfen ist länger gelagert. Die meisten Hopfenwirkstoffe sind in den Drüsenschuppen der weiblichen Fruchtstände enthalten.
Dragees, die Hopfen- und Baldrianextrakt enthalten, sind laut Anlage 1 a zur Beseitigung von krankhaften Beschwerden, z. B. Einschlafstörungen freiverkäuflich.

35 Rotöl ist ein Auszug aus frischen Johanniskrautblüten mit fettem Öl, z. B. Olivenöl, wobei zu beachten ist, dass die Blüten und Zweigspitzen von Hypericum **perforatum** L. stammen, weil in Deutschland rund 15 Hypericumarten vorkommen. Äußerlich dient es zur Wundbehandlung, innerlich gegen nervöse Verstimmungen und bei Magenbeschwerden. Da es in Anlage 1 a aufgeführt ist, sind Aussagen: „zur Beseitigung“ oder „Linderung“ zulässig (Heilaussagen).

36 Johanniskrauttee wirkt – eine längere regelmäßige Einnahme vorausgesetzt – stimmungsaufhellend und leicht beruhigend. Man bezeichnet die Droge als „pflanzliches Antidepressivum“. Stressabschirmend wirken Ginseng- und Taigawurzel, beruhigend wirken Baldrian, Hopfen, Melisse, Passionsblume.

37 Minderwertige Johanniskraut-Droge ist daran zu erkennen, dass sie einen hohen Stängelanteil und nur sehr wenige Blüten- und Blattanteile besitzt.

38 Thymianzubereitungen wirken antibakteriell sowie krampflösend und auswurffördernd bei Husten und Bronchitis.

39 Thymiankraut ist an den kleinen, lanzettlichen graugrünen Blättchen, den lila Blüten und an dem starken, typischen Geruch (nach Thymol) zu erkennen. Zur „Geruchsprüfung“ zerreibt man die Blättchen zwischen den Fingern. Quendel hat eiförmige Blättchen.

40 Die Droge Süßholzwurzel besteht aus gelben, würfelförmigen Stückchen mit sehr süßem Geschmack.

41 Lakritze (pharmazeutisch als „Succus Liquiritiae" bezeichnet) ist eine schwarze Masse, die durch Auskochen der frischen Süßholzwurzeln und anschließendes Eindampfen gewonnen wird. Sie kommt in Stangenform oder als Scheiben in den Handel. Verwendung: als Hustenmittel zum Lutschen.

42 Salmiakpastillen enthalten Salmiak (Ammoniumchlorid) und Lakritze und sind eine Zubereitung zum Lutschen, die bei Husten und Heiserkeit Verwendung findet. Sie sind laut Anlage 2a für diesen Zweck freiverkäuflich.

43 Eibischwurzeln enthalten neben Schleim noch viel Stärke. Damit es nicht zu einer leimartigen Masse (Kleister) kommt, muss ein Eibischwurzel-Tee kalt angesetzt werden (über Nacht ziehen lassen). Nach dem Abseihen kann er erhitzt weden.

44 „Geschönte" Eibischwurzeln wurden nachträglich gebleicht oder mit Kalk bzw. Gips bestäubt, um eine (durch falsche Lagerung) braun gewordene Droge wieder weiß zu machen. Das Arzneibuch schreibt daher eine Prüfung auf bleichende Substanzen vor.

45 Spitzwegerichzubereitungen wirken antibakteriell und werden bei Husten und Bronchitis verwendet.

46 (Ja) Frischpflanzenpresssäfte sind gemäß § 44 AMG 1976 als „Heilmittel" freiverkäuflich, somit auch Spitzwegerichpresssaft „gegen Husten".

47 Antwort d) ist richtig. Besenginsterblüten dürfen laut Anlage 1 b der Rechtsverordnung zu § 44 AMG nicht in einer freiverkäuflichen Hustenteemischung enthalten sein.

48 Die arzneilich verwendeten Lindenblüten stammen von Sommer- und Winterlinde. Die Blüten der Silberlinde dürfen nur für Lebensmittelzwecke Verwendung finden. Sie treten aber häufig als Verfälschung der „Arznei-Lindenblüten" auf. Lindenblüten werden bei Erkältungskrankheiten als schweißtreibender Tee verwendet (viel und heiß trinken).

49 Antwort c) ist richtig (Salbeiblätter) für die **innerliche** Anwendung, für die **äußerliche** Anwendung, z. B. bei Fußschweiß, ist a) (Eichenrinde) richtig.

50 Zur Steigerung der körpereigenen Abwehrkräfte werden hauptsächlich Präparate aus dem Purpursonnenhutkraut (Echinacea purpurea), der Ginseng- und Taigawurzel (Eleutherococcuswurzel) und Baumflechten verwendet.

51 Echinacea (Sonnenhutkraut) dient in Form geeigneter Präparate zur Steigerung der **körpereigenen** Abwehr bei leichten Infektionen, zur Vorbeugung gegen Erkältungskrankheiten sowie zur unterstützenden Behandlung verschiedener Hautkrankheiten.

52 Auszüge aus Weißdornblättern und -blüten wirken herzkranzgefäßerweiternd, verbessern die Sauerstoffversorgung des Herzmuskels und wirken dadurch leicht herzkraftstärkend. Sie werden bei nachlassender Leistungsfähigkeit des Herzens verwendet („Altersherz").

53 Weißdornpresssaft und Weißdorntee dürfen weder gegen zu hohen noch gegen zu niedrigen Blutdruck verwendet werden. Beides sind krankhafte Veränderungen des Blutdrucks und fallen unter das Anwendungsverbot der Krankheitsliste (Anlage 3).

54 (Nein) Bohnenschalen und Löwenzahnwurzel senken nicht den Blutzucker. Für diesen Zweck können auch sonst keine Drogen empfohlen werden. Da diese Tees den Zuckerstoffwechsel nicht belasten, dürfen sie aber von Diabetikern durchaus reichlich getrunken werden.

55 Rosmarinblätter rollen sich beim Trocknen vom Rand her ein, so dass sie ähnlich wie Tannennadeln aussehen. Sie besitzen einen charakteristischen, würzig-aromatischen Geruch. Sie wirken kreislaufanregend, regen Magen- und Gallensaftproduktion an, wirken äußerlich durchblutungsfördernd. Präparate: Rosmarinbad, Rosmarinspiritus, Teemischungen mit Rosmarinblättern, Rosmarinwein.

56 (Nein) Zum einen ist die Wirkung des Mistelkrautes gegen Bluthochdruck unsicher, zum anderen fällt Bluthochdruck unter das Anwendungsverbot der Krankheitsliste (Anlage 3). Freiverkäufliche Mittel dürfen nicht einmal zur Vorbeugung der dort aufgeführten Krankheiten empfohlen werden.

57 Mistelkraut besteht aus steifledrigen, runzeligen, dicken Blattstückchen und Stängelstücken von gelbgrüner Farbe.

58 Die Wurzeln des echten koreanischen Ginsengs sind geeignet zur Steigerung der körpereigenen Abwehr und der Widerstandsfähigkeit des Körpers, z.B. gegen Stress sowie zur allgemeinen Kräftigung und Anregung bei nervöser Erschöpfung. Voraussetzung ist aber immer, dass eine genügend hohe Konzentration an Wirkstoffen (= Ginsenoside) vorliegt (Tagesdosis: etwa 300 mg Extrakt bzw. 3 g Droge als Tee).

59 Die Wirkstoffe der Enzianwurzeln gehören mit einem Bitterwert von 10 000 zur Gruppe der sehr bitteren Bitterstoffe. Sie regen die Magensaftproduktion an und wirken appetitanregend.

60 Der Bitterwert nimmt bei längerem Kochen ab, da die Bitterstoffe hitzeempfindlich sind. Der Tee schmeckt dann immer weniger bitter. Am geeignetsten ist daher ein Kaltansatz (über Nacht stehen lassen), dann abseihen und kurz erhitzen.

61 Die Blüten der echten Kamille besitzen einen hohlen Blütenboden. Dies ist deutlich zu erkennen, wenn man die „Kamillenblüten" (botanisch handelt es sich um einen Blütenstand mit vielen Röhren- und Zungenblüten) der Länge nach mit einer Rasierklinge durchteilt.

62 **Kamillentee** enthält hauptsächlich nur die wasserlöslichen Bestandteile (z.B. krampflösende Flavonoide, Schleimstoffe), während der größte Teil des ätherischen Kamillenöles mit dem Drogenrückstand weggeworfen wird bzw. zum Teil mit dem Wasserdampf in die Luft entweicht (dies macht man sich beim sogenannten „Dampfbad" zunutze, indem man die aufsteigenden Dämpfe inhaliert oder auf die Gesichtshaut einwirken lässt). Bei der Bereitung eines Kamillentees ist das Gefäß immer abzudecken, damit der Dampf am Deckel kondensiert und in die Flüssigkeit zurücktropft. **Alkoholische Kamillenauszüge** enthalten auch das ätherische Kamillenöl und haben damit eine stärkere entzündungshemmende Wirkung als der Tee und sind insgesamt stärker wirksam.

63 Kamillenöl wird durch Wasserdampfdestillation aus Kamillenblüten gewonnen.

64 Bei der Wasserdampfdestillation von Kamillenblüten entsteht aus dem Inhaltsstoff Matricin das blau gefärbte **Chamazulen.**

65 Wichtige Inhaltsstoffe der Kamillenblüten sind neben dem ätherischen Öl (mit Chamazulen bzw. Matricin und Bisabolol) Flavonoide (krampflösend) und Schleimstoffe.

66 Das DAB verlangt bei arzneilich verwendeten Fenchelfrüchten einen Mindestgehalt an **ätherischem Öl** (4 % mlV), der von den Handelsdrogen sehr oft nicht erreicht wird. Daher muss der Gehalt an ätherischem Öl immer überprüft werden. (Ansonsten Verwendung als Lebensmittel)

67 Es sind sowohl dalmatinischer Salbei als auch griechischer Salbei (Dreilappiger Salbei) als Arzneidrogen im Handel.

68 Als „Salbeiblätter" darf nur Droge bezeichnet werden, die vom dalmatinischen Salbei (= *Salvia officinalis* L.) gewonnen wurde. Griechischer Salbei ist als „Dreilappiger Salbei" zu kennzeichnen, da die Droge andere Wirkstoffe besitzt als der dalmatinische Salbei. (Griechischer Salbei ist an seinem Geruch nach Eukalyptus zu erkennen.)

69 Im **Salbeitee** sind die wasserlöslichen Inhaltsstoffe enthalten (Bitterstoffe, Gerbstoffe); der alkoholische Auszug enthält zusätzlich ätherisches Salbeiöl. Es besteht daher auch ein Unterschied in der Wirkung beider Zubereitungen. Zum Gurgeln gegen Halsentzündung ist ein **alkoholischer Auszug** (Salbeitropfen) wesentlich besser geeignet, da er stärkere desinfizierende Wirkung aufweist.

70 Pfefferminzblätter bestehen aus grünen Blattstückchen mit typischem Geruch nach Pfefferminze (= Menthol). Beim Kauen empfindet man eine kühlende Wirkung. Häufig sind die dünnen Stängelteile violett gefärbt.

71 Im Pfefferminz-Filterbeutel befindet sich oft ein hoher Anteil an wirkstoffarmen Stängeln. (Selbst wenn dies nicht der Fall ist, so wird doch die Droge für die Herstellung von Filterbeuteln sehr stark zerkleinert [Feinschnitt], wodurch ein großer Teil des ätherischen Öles verlorengeht.)

72 Bei Kamillenaufgussbeuteln gibt es sehr goße qualitative Unterschiede. Manche enthalten ordnungsgemäß nur Kamillenblüten, sehr viele enthalten daneben aber noch einen hohen Anteil an Blättern und Stängeln (Kraut), die kaum ätherisches Öl enthalten und damit minderwertig sind.

73 (Nein) Das Japanische (bzw. Chinesische) Pfefferminzöl wird von einer Minzenart gewonnen, die einen außerordentlich hohen Mentholgehalt aufweist (Ackerminze). Dafür fehlen andere charakteristische Inhaltsstoffe, die in der echten Pfefferminze enthalten sind. Die Ackerminze dient vorwiegend zur Gewinnung von reinem Menthol durch „Ausfrieren" (= Kühlung bis ca. –10 °C) und zur Herstellung von Minzöl.

74 Melissenblätter enthalten ätherisches Öl, das nach Zitrone riecht. Da es von vornherein nur in geringer Menge vorhanden ist (0.05 %), muss man den Gehalt öfter überprüfen. Man kann Melissenblätter nur kurze Zeit lagern; sie verlieren sehr schnell ihren Duft und damit einen Teil ihrer Wirksamkeit.

75 Die Hauptwirkstoffe des Tausendgüldenkrautes gehören zur Gruppe der Bitterstoffe. Tausendgüldenkraut wirkt ähnlich wie Enzianwurzeln (z. B. appetit- und magensaftanregend), nur schwächer.

76 Wermutkraut enthält als Haupt-Wirkstoffgruppen ätherisches Öl und Bitterstoffe. Es gehört damit zu den „aromatischen Bittermitteln". Wirkung: galletreibend.

77 Alkoholische Zubereitungen aus Wermutkraut (Wermut**tropfen**) sollte man nicht in höherer Dosis über längere Zeit einnehmen, da sie das ätherische Öl mit dem „Nervengift" **Thujon** enthalten. Die Konzentrationen sind allerdings nicht hoch, so dass bei **bestimmungsgemäßem** Gebrauch keine Schädigungen eintreten können. Wermut**wein** enthält kaum ätherisches Öl, da der Alkoholgehalt wesentlich geringer ist als bei den Tropfen (Tinktur).

78 Man kann Wermuttee (Aufguss) in einer Dosis von einer bis zu drei Tassen pro Tag gefahrlos über längere Zeit einnehmen. (Wenn man ganz vorsichtig sein will, kann man den Tee kurz aufkochen, damit das ätherische Öl mit dem Thujon entweicht. Ein längeres Kochen ist allerdings zu vermeiden, da sonst die Bitterstoffwirkung verlorengeht.)

79 Zubereitungen aus Löwenzahnwurzeln mit Kraut (Tee – Kaltansatz, Frischpflanzenpresssaft) können bei Verdauungsbeschwerden genommen werden, denn sie erhöhen aufgrund des Bitterstoffgehaltes die Magensaftproduktion und regen die Gallentätigkeit an. Da die Droge darüber hinaus harntreibend und stoffwechselanregend wirkt, wird sie gerne zur so genannten „Frühjahrskur" verwendet (= Stoffwechsel-„aktivierend").

80 Birkenblättertee wirkt harntreibend (entwässernd). Man verwendet 10 bis 15 g Droge auf 100 ml Wasser (Aufguss). Die vermehrte Harnausscheidung (Aquarese) wird ohne Reizung des Nierengewebes erzielt (im Gegensatz zu Wacholderöl).

Weitere harntreibende Drogen sind Wacholderbeeren, Goldrutenkraut, Schachtelhalmkraut, Brennesselkraut, Bohnenschalen, Queckenwurzel, Hauhechelwurzel, Mateblätter usw.

81 Die so genannte „Blutreinigungskur“ hat nichts mit einer „Reinigung“ des Blutes zu tun. Für eine solche Kur (auch „Frühjahrskur“ genannt), verwendet man Frischpflanzenpresssäfte oder Tees, die den gesamten Stoffwechsel anregen und die Ausscheidung über die Niere und die Haut fördern sollen (siehe dazu auch Antwort 82).

82 Für eine Frühjahrskur kann man z. B. Leinsamen (zur Anregung der Verdauung), Brennnesselblätter, Schachtelhalmkraut (harntreibend), Artischockenblätter, Löwenzahnkraut mit Wurzeln, Wermutkraut (gallentreibend), Enzianwurzeln, Tausendgüldenkraut (magensaftanregend) empfehlen. Dazu Bewegung und Ernährungsumstellung. Besonders bewährt hat sich die Kur mit Frischpflanzenpresssäften.

83 (Nein) Ein reines Abführmittel wie Glaubersalz, kann nicht als Blutreinigungsmittel bezeichnet werden. Dies ist im Sinne des Arzneimittelgesetzes eine Irreführung.

84 a) Sennesschoten, b) Tausendgüldenkraut, c) Lavendelblüten gehören nicht in einen Blasen- und Nierentee.

85 Das Schachtelhalmkraut darf ausschließlich vom Ackerschachtelhalm stammen, der harntreibende und bindegewebefestigende Wirkung aufweist. Vgl. Kap. 3, Antwort 46. Zu achten ist auf Beimengungen von Sumpfschachtelhalm.

86 (Nein) Das ätherische Wacholderöl kann zu Nierenreizungen führen. Daher sollen Wacholderölkapseln nur für eine kurze Zeit, also nur kurmäßig verwendet werden, insbesondere wenn täglich 100 mg und mehr Wacholderöl eingenommen wird.

87 (Ja) Kontraindikationen (Gegenanzeigen) für die Einnahme von Wacholderölkapseln sind Nierenerkrankungen und Schwangerschaft.

88 (Nein) Die harntreibende und nierenreizende Wirkung von Wacholderbeerzubereitungen beruht auf Bestandteilen des ätherischen Öles. Zubereitungen wie Wacholdermus oder -sirup und -extrakt sind viel weniger nierenreizend, weil sie kaum ätherisches Öl enthalten, dafür aber auch weniger entwässernd wirken als das reine ätherische Wacholderöl.

89 Brennnesselkraut besteht knäuelig eingerollten Blattstückchen von schwarzgrüner Ober- und hellerer Unterseite sowie vierkantigen Stängelstücken. Der Geschmack ist etwas bitter. Kein aromatischer Duft! Brennnesselkraut wird als so genanntes „Blutreinigungsmittel" bzw. zur „Frühjahrskur" verwendet. Es wirkt harntreibend.

90 Bärentraubenblätter sollen in alkalischem Harn eine bessere desinfizierende Wirkung entfalten. Dies kann man mit Gaben von Natriumbicarbonat erreichen. Besser ist es, durch reichlich pflanzliche Nahrung für einen alkalischen Harn zu sorgen. Gegen Blasenentzündung sind Bärentraubenblätter nicht ausreichend wirksam. Arzt!

91 Der Kaltwasserauszug (2 Teelöffel fein geschnittene Bärentraubenblätter auf 1 Tasse Wasser, 12 Stunden lang ausgezogen) ist die geeignetste Zubereitungsform. Der Wirkstoffgehalt an keimhemmenden Stoffen ist genauso hoch wie bei einer Abkochung, der Gehalt an störenden Gerbstoffen aber niedriger. Die Gerbstoffe verursachen Magenschleimhautreizungen. Nach dem Abseihen wird der Tee kurz erhitzt.

92 Es gibt Kürbiskerne mit weicher Schale (dunkelgrün) und solche mit harter Schale (cremefarben). Letztere müssen geschält werden. (Zur Wirksamkeit s. Antwort 93.)

93 Medizinische Wirksamkeitsprüfungen gibt es bisher nur von den weichschaligen, dunkelgrünen steirischen Kürbissorten, die ständig auf ihren Gehalt an Phytosterinen und Vitamin E überprüft werden. Mit besonderer Sorgfalt muss auch im Labor auf Schimmelpilze geprüft werden, da manche von diesen krebserregende Stoffwechselprodukte erzeugen (Aflatoxine).

94 Ringelblumen sind an den leuchtend orangegelben Blütenzipfeln (= Zungenblüten) zu erkennen und Zubereitungen der Ringelblumenblüten ohne Kelchblätter (= Flores Calendulae sine calycibus) werden in Form von Umschlägen gegen Wundsein verwendet. Ringelblumensalbe ist nur als Vorbeugungsmittel (z.B. vorbeugend gegen Wundliegen) freiverkäuflich, da sie nicht in der Positivliste Anlage 1a als „Heilmittel" aufgeführt ist.

95 (Nein) Krebserkrankungen fallen unter das Anwendungsverbot der Anlage 3 (Krankheitsliste). Außerdem ist eine solche Wirksamkeit bei Ringelblumensalbe nicht erwiesen. Auch zur Behandlung von Wunden ist Ringelblumensalbe nicht freiverkäuflich, lediglich zur **Verhütung** von Wundsein, zum Schutz vor Wundliegen usw. (vgl. Antwort 94)

96 Arnikazubereitungen werden äußerlich gegen Verstauchungen, Blutergüsse, Prellungen usw. verwendet. Arnikatinktur muss vor der Anwendung verdünnt werden (1:5), da sonst Hautreizungen auftreten können. In Teemischungen zur Funktionsstärkung von Herz und Kreislauf sind Arnikablüten in geringen Mengen manchmal enthalten. (In hohen Dosen führt Arnika innerlich zu Vergiftungserscheinungen!) Ein Aufguss von Arnikablüten wird auch zum Mundspülen bei Zahnfleischentzündungen sowie zum Gurgeln bei Halsentzündung empfohlen.

97 (Nein) Arnika**tinktur** ist nur zum äußeren Gebrauch freiverkäuflich.

98 Bei der Verwendung von unverdünnter Arnikatinktur können Allergien auftreten, bei unverdünnter, mehrmaliger Anwendung sogar Hautentzündungen mit Blasenbildung.

99 Zubereitungen aus Beinwellwurzeln (z. B. Umschlagpasten, Salben) beschleunigen Wundheilungsprozesse und wirken entzündungshemmend. Man verwendet sie bei unblutigen Verletzungen wie Prellungen, Blutergüsse, Verstauchungen. Die Indikation für freiverkäufliche Beinwellsalben ist „zur Durchblutungsförderung, Erfrischung und Pflege müder Beine“ (also keine Heilaussagen, da sie nicht in Anlage 1 a als „Heilmittel“ aufgeführt sind).

100 Beinwellwurzeln und -kraut enthalten Spuren von Pyrrolizidinalkaloiden, die beim inneren Gebrauch evtl. zu Leberschäden bis hin zum Leberkrebs führen können. Bei Zubereitungen zum äußeren Gebrauch (z. B. Salben) ist daher die zulässige Tagesdosis festgelegt (100 Mikrogramm). Vgl. Anlage 1 b „Pflanzen“.

101 Antworten a) und c) sind richtig. Vgl. Antwort 3, Kap. 2.

102 **Anisöl** ist enthalten in auswurffördernden Mitteln gegen Husten und in Magenmitteln (gegen Blähungen und zur Appetitanregung).
Eukalyptusöl verwendet man zur Herstellung von Hustenmitteln (Bonbons, medizinische Bäder, Erkältungssalben usw.).

Fenchelöl ist enthalten in hustenlösenden Mitteln, in krampflösenden Mitteln (Instanttees für Babys, Tropfen) und in Mitteln, die die Milchsekretion bei stillenden Frauen anregen sollen. **Thymianöl** wird verwendet zur Herstellung von Hustenmitteln (Säfte, Tropfen, Bäder usw.; es besitzt eine stark desinfizierende Wirkung).

103 Fichtennadel- und Kiefernnadelöle werden zur Inhalation bei Bronchialerkrankungen verwendet. Sie dienen zur Herstellung von Bädern und Einreibungen bei rheumatischen Beschwerden (durchblutungsfördernde Wirkung).

104 Krauseminzöl riecht wie eine Mischung aus Pfefferminze und Kümmel.

105 (Ja). Menthol, Campher und ätherische Öle können enthalten sein.

106 Nelkenöl besitzt eine örtlich schmerzlindernde Wirkung bei Zahnschmerzen.

107 Rosmarinöl wird zu hautreizenden Einreibungen gegen Rheuma (meist in Form des Rosmarinspiritus) und zu Bädern verwendet.

108 Salbeiöl ist in Gurgelmitteln enthalten (gegen Mund- und Rachenentzündungen). Es findet auch innerlich in Form von Präparaten gegen übermäßiges Schwitzen (insbesondere gegen Nachtschweiß) Verwendung.

109 Zitronenöl riecht nach Zitrone. Zitronellöl riecht genauso, wird aber aus bestimmten Grasarten (nicht aus Zitronen) gewonnen.

110 Feucht gelagerte Leinsamen schimmeln und der Schleim tritt aus. Sie bilden dann einen weißlichen Belag aus.

111 Rizinusöl ist ein dünndarmwirksames Abführmittel und wird gegen Verstopfung verwendet. Es wirkt bereits nach 2 bis 3 Stunden. Man gewinnt es durch Kaltpressung aus Rizinussamen, die selbst stark giftig sind. Das Gift (Ricin, ein toxisches Lectin) ist im kaltgepressten Öl nicht enthalten.

112 Antwort a) ist richtig (2 Stunden).

113 Als Ethanol-Wasser-Gemische bezeichnet man verdünnten Alkohol (= verdünnter Weingeist, Spiritus, Ethylalkohol).

114 Antwort c) ist richtig. Hoffmannstropfen sind ein Gemisch aus Alkohol und Ether. Sie werden als Hausmittel bei Ohnmachten und gegen Übelkeit verwendet. Feuergefährlich. Aufgeführt in der Positivliste Anl. 1 a.

115 Benzocain ist in freiverkäuflichen Fertigarzneimitteln gegen Hühneraugen und Hornhaut enthalten. Es ist ein örtlich wirksames Schmerzmittel.

116 Salmiakgeist ist verdünnte Ammoniaklösung. Als **ätzende** Flüssigkeit darf er niemals in Sprudelflaschen und dgl. abgegeben werden. Man verwendet ihn z. B. zum Betupfen von Insektenstichen.

117 Ammoniumchlorid ist Salmiaksalz (bzw. Salmiak) und Bestandteil von freiverkäuflichen Hustenmitteln zum Lutschen (z. B. Salmiakpastillen = Zubereitung aus Salmiak und Lakritze).

118 b) Milchzucker, c) Tragant, f) Bittersalz (Magnesiumsulfat) werden wegen ihrer abführenden Wirkung verwendet.

119 Bromelain ist ein Enzym (Ferment), das aus den oberirdischen Teilen der Ananaspflanze (nach dem Abernten der Früchte) gewonnen wird. Es ist in Dragees enthalten, die vorbeugend gegen Störungen der Eiweißverdauung verwendet werden (insbesondere zur Verdauung pflanzlichen Eiweißes).

120 Fructose (= Fruchtzucker) beeinflusst wenig den Blutzuckerspiegel und kann daher als Zuckeraustauschstoff für Diabetiker verwendet werden.

121 Glaubersalz ist Natriumsulfat in kristalliner Form und wird innerlich als Abführmittel verwendet (für Erwachsene 1–2 Esslöffel auf 1 Glas Wasser). Glaubersalz wird zur Einleitung von Fastenkuren verwendet. Nicht zum Dauergebrauch geeignet!

122 Glycerin ist eine süß schmeckende, sirupartige farblose Flüssigkeit, die sich mit Wasser mischen lässt. Glycerin ist ein dreiwertiger Alkohol (kein Öl!). Man verwendet Glycerin äußerlich als Hautpflegemittel (Cremes, Salben).

123 Milchzucker ist ein weißes, kristallines Pulver mit leicht süßem Geschmack. Er wird als leichtes Abführmittel verwendet (auch für Säuglinge geeignet). Milchzucker ist Bestandteil der Milch. (In Anlage 1a/Positivliste aufgeführt.)

124 Natrium und Kalium spielen eine große Rolle im Wasserhaushalt des Körpers, Kalium und Magnesium sind von Bedeutung für die Muskeltätigkeit (z.B. führt ein Kaliummangel zum Erschlaffen der Darmmuskulatur, ein Magnesiummangel zu Störungen der Herztätigkeit). Calcium ist wichtig für den Knochenaufbau.

125 Papain ist ein pflanzliches Enzym (Ferment) mit eiweißspaltenden Eigenschaften (ähnlich wie Pepsin wirkend). Es wird aus dem Milchsaft der unreifen Früchte des Melonenbaumes (= *Carica papaya*) gewonnen.

126 (Ja) Es darf bis zu einem Gehalt von 10 % in nichtflüssigen Abführmitteln (z.B. Täfelchen) enthalten sein. Es wirkt als Gleitmittel.

127 (Nein) Salicylsäure ist nur in Zubereitungen zum äußeren Gebrauch freiverkäuflich (z.B. in Mitteln gegen Hühneraugen und Hornhaut). Es ist nicht zulässig, Salicylsäure zum Konservieren von Marmelade abzugeben.

128 (Nein) Kopfschmerzmittel, die Salicylsäureester (z.B. Acetylsalicylsäure, Aspirin®) enthalten, sind nicht freiverkäuflich. Salicylsäureester sind nur in Mund-Rachen-Desinfektionsmitteln sowie in Desinfektionsmitteln zum äußeren Gebrauch freiverkäuflich.

129 Sorbit ist ein in vielen Früchten (z.B. in den Vogelbeeren) enthaltener süß schmeckender Alkohol (es handelt sich aber nicht um eine Flüssigkeit, sondern um ein weißes Pulver). Es wird als Süßungsmittel für Zuckerkranke verwendet (z.B. Sionon®) und als Lösung in Cremes (Feuchtigkeitsfixator).

130 Spurenelemente sind für das Leben unentbehrliche Stoffe. Sie brauchen aber (im Gegensatz zu den Mineralstoffen) nur in ganz geringen Mengen mit der Nahrung zugeführt werden. Zu den Spurenelementen zählen z.B. Fluor, Iod, Kobalt, Kupfer, Mangan, Selen, Zink.

131 Eisen spielt bei der Blutbildung und im Zellstoffwechsel eine große Rolle. Es ist Bestandteil des roten Blutfarbstoffes Hämoglobin und für den Sauerstofftransport verantwortlich. (Es wird meist nicht zu den Spurenelementen, sondern zu den Mineralstoffen gezählt.)

132 (Nein) Eisenhaltige Tonika sind nur als Vorbeugungsmittel freiverkäuflich, z. B. zum Schutz vor Eisenmangelanämie bei erhöhtem Eisenverlust während der Menstruation, da sie nicht in der Positivliste Anlage 1 a aufgeführt sind. Chinawein mit Eisen ist in Anlage 1 a aufgeführt und somit auch zur Beseitigung oder Linderung einer Eisenmangelanämie freiverkäuflich.

133 Iodmangel äußert sich häufig in der Ausbildung eines Kropfes.

134 Gelbe und weiße Vaseline werden als Nebenprodukte bei der Erdöldestillation gewonnen. (Es handelt sich somit um „mineralische Fette".) Weiße Vaseline ist gebleicht. Beide werden äußerlich als Hautschutzsalbe oder als Salbengrundlage verwendet. Angeblich (?) keine Verwendung in der sog. „Naturkosmetik".

135 Die Vitamine werden eingeteilt in fettlösliche und wasserlösliche Vitamine.

136 (Ja) Vitamin D und Vitamin A gehören beide zu den fettlöslichen Vitaminen. Sie können im Körper gespeichert werden, wodurch die Gefahr einer Überdosierung besteht, die zu schweren Gesundheitsstörungen führen kann.

137 Vitamin A ist in Zubereitungen mit einer Tagesdosierung von höchstens 6000 Internationalen Einheiten (I. E.) und Vitamin D in Zubereitungen mit einer Tagesdosierung von höchstens 400 I. E. als Fertigarzneimittel freiverkäuflich.
Heilbuttleberöl hat einen sehr hohen Vitamin-A- und -D-Gehalt und darf daher nur niedrig dosiert werden. Es ist freiverkäuflich in Zubereitungen, die die o. g. Tagesdosen nicht überschreiten.

138 **Vitamin A** ist notwendig für das Sehvermögen v. a. in der Dämmerung. Es schützt ferner die Haut und die Schleimhäute. **Vitamin D** ist verantwortlich für die Resorption von Calcium aus dem Darm und damit unter anderem für den Aufbau von Zähnen und Knochen. Vitamin D verhütet Rachitis.

139 Vitamin E (fettlöslich) wirkt im Stoffwechsel als Antioxidans bzw. als Radikalfänger, d.h. es schützt andere Vitamine (z.B. Vitamin A) und hochungesättigte Fettsäuren vor Oxidation. Es ist von Bedeutung für die normale Entwicklung der Muskulatur (auch des Herzmuskels) und des Bindegewebes.

140 Die genannten Vitamine gehören alle zu den B-Vitaminen (wasserlöslich).
Vitamin B_1 greift in den Kohlenhydratstoffwechsel ein; Mangelerscheinungen äußern sich z.B. in Leistungsminderung, Müdigkeit und Kopfschmerzen.
Vitamin B_2 ist an Oxidationsvorgängen in den Geweben beteiligt. Mangelerscheinungen äußern sich z.B. in Entzündungen der Haut, Mundwinkeleinrissen, Entzündungen der Zunge usw.
Nicotinsäureamid ist u.a. wichtig für den Zuckerabbau, Mangelerscheinungen äußern sich in Hauterkrankungen (z.B. Pellagra bei einseitiger Ernährung mit Mais) und nervlichen Störungen.
Pantothensäure ist notwendig für viele Stoffwechselvorgänge (z.B. für den Abbau von Fetten und Kohlenhydraten). Da sie ausreichend in der Nahrung vorhanden ist, z.B. in allen grünen Pflanzenteilen, sind Mangelerscheinungen nicht bekannt.
Vitamin B_6 ist wichtig für den Eiweißstoffwechsel. Mangelerscheinungen äußern sich z.B. in Nervenentzündungen und Hauterkrankungen.
Folsäure ist erforderlich für die Blutbildung. Bei Mangel treten bestimmte Formen der Blutarmut auf.
Vitamin B_{12} ist beteiligt an der Bildung der roten Blutkörperchen. Bei Mangel an Vitamin B_{12} tritt eine bestimmte Form der Blutarmut auf (perniziöse Anämie).

141 Die B-Vitamine finden sich vor allem in Hefe, Getreidekeimen, Milch, Leber, Eigelb. Vitamin B_{12} ist als einziges nur in tierischem Eiweiß enthalten. **Hefe** wird als Arzneimittel bei Haut- und Haarproblemen sowie gegen Nervenentzündung verwendet.

142 Vitamin C ist wichtig für den gesamten Zellstoffwechsel. Es erhöht die natürliche Widerstandskraft gegenüber Infektionskrankheiten sowie die Leistungsfähigkeit. Ein Mangel an Vitamin C zeigt sich z.B. in Zahnfleischbluten und schlechter Wundheilung. Reich an Vitamin C sind die tropischen Jambosafrüchte. Acerolakirschen, Guavafrüchte, Sanddornbeeren, Citrusfrüchte.
Die chemische Bezeichnung für Vitamin C ist Ascorbinsäure.

143 Eine Ganzdroge besteht aus den unzerkleinerten Drogenteilen z.B. Leinsamen), bei Grobschnitt wird die Droge nur grob zerkleinert (z.B. Quadratschnitt 5 mm × 5 mm), beim Feinschnitt erhält man sehr fein zerkleinerte Drogen. Die Art der Zerkleinerung kann einen großen Einfluss auf die Qualität der Droge haben. So geht z.B. bei ätherischen Öl-Drogen bei jedem Zerkleinerungsvorgang sehr viel Wirkstoff verloren, da die Behälter, in denen das ätherische Öl in den Pflanzen abgelagert ist, zerstört werden. Ein Feinschnitt von ätherischen Öl-Drogen (Filterbeutel) enthält weniger Wirkstoffe als die Ganzdroge oder ein Grobschnitt und ist ohne zusätzliche Umhüllung nicht lagerfähig.
Drogen mit nicht flüchtigen Inhaltsstoffen (z.B. Flavonoide) sind weniger empfindlich gegen Zerkleinerung.

144 Lösliche Teeaufgusspulver (= Instanttees) unterscheiden sich in der Menge an Pflanzenextrakt und ätherischem Öl. Es ist darauf zu achten, dass ein Instanttee ausreichend viel Pflanzenextrakt (ca. 20–50 g auf 100 g) enthält und die bei der Herstellung verlorengeganenen ätherischen Öle wieder zugesetzt sind. Instanttees, die fast nur aus Trägersubstanz (z.B. Zucker) bestehen, sollen nicht empfohlen werden. Zur Herstellung von Instanttees siehe Antwort zu Frage 71 Kap. 1.

145 Frischpflanzenpresssäfte werden durch Auspressen frischer Pflanzen hergestellt. Es darf kein anderes Lösungsmittel als Wasser verwendet werden. Laut § 44 (2) sind nur Presssäfte aus **einer** Pflanzenart als „Heilmittel“ freiverkäuflich (keine Mischungen). Sie müssen mit dem verkehrsüblichen deutschen Namen gekennzeichnet sein.

146 Unter einer Tinktur versteht man Flüssigkeiten, die durch Ausziehen einer Droge mit Hilfe von verdünntem Alkohol gewonnen werden. (Für DAB-Tinkturen ist die Alkoholkonzentration im Arzneibuch vorgeschrieben.) Tinkturen sind dünnflüssig und besitzen die Farbe der verwendeten Drogen.
Es gibt zwei Herstellungsverfahren:

1. die **Mazeration** (Ansetzen der Droge mit Alkohol über mehrere Tage und anschließendes Auspressen und Filtrieren)
2. Die **Perkolation** (Verfahren, das hauptsächlich in der Industrie verwendet wird; hierbei wird die Droge viel besser ausgelaugt als bei der Mazeration, da mehrmals frisches Extraktionsmittel über die Droge gegeben wird).

Bekannte Beispiele der Anlage 1a sind Arnikatinktur, Baldriantinktur, Enziantinktur, Myrrhentinktur, Nelkentinktur.

147 Medizinalweine sind Arzneizubereitungen, die durch Lösen oder Mischen von Arzneistoffen mit Wein (Alkoholgehalt = rund 16 Vol.-%) hergestellt werden, z. B. Pepsinwein. Auch ein mit Wein hergestellter Drogenauszug wird als Medizinalwein bezeichnet, z.B. Rosmarinwein.
Unter Tonika versteht man in der Regel flüssige Kräftigungs- oder Stärkungsmittel, die die körperliche oder geistige Leistungsfähigkeit verbessern sollen. Sie enthalten in unterschiedlichen Kombinationen Vitamine, Mineralstoffe, Lecithin, Pflanzenauszüge (z. B. aus Ginseng, Weißdorn usw.). Tonika sind Arzneimittel, aber als solche nur mit **vorbeugenden** bzw. nicht heilenden Aussagen (stützend, kräftigend, pflegend, Wohlbefinden erhaltend bzw. fördernd, die Organfunktion verbessernd) freiverkäuflich.

148 Ein zähflüssiger Extrakt wird hergestellt, indem man einen flüssigen Drogenauszug (z. B. eine alkoholische Tinktur oder einen wässrigen Auszug) bis zur Zähflüssigkeit eindampft. Wird die gesamte Auszugsflüssigkeit verdampft, erhält man einen trockenen Rückstand, den sogenannten Trockenextrakt. Trockenextrakte werden für die Herstellung von Pflanzendragees, -tabletten und -kapseln sowie Instanttees verwendet.

149 Gelatinekapseln eignen sich zur Aufnahme schlecht schmeckender oder riechender Arzneistoffe (z. B. Knoblauchöl). Hartgelatinekapseln gibt es auch als magensaftresistente Kapseln. Diese lösen sich erst im Darm und sind für Arzneistoffe geeignet, die durch Magensaft zerstört werden. In Weichgelatinekapseln werden ölige Lösungen oder ölige Suspensionen, in Hartgelatinekapseln dagegen Pulver bzw. Granulate abgefüllt. Gelatine wird aus dem Kollagen von Knochen, Knorpeln und Sehnen von Schlachttieren gewonnen.

150 Emulsionen sind milchähnliche Arzneizubereitungen, bei denen Fette oder Öle in einer wässrigen Flüssigkeit sehr fein verteilt sind (Öl-in-Wasser-Emulsionen). Die bekannteste Emulsion ist die Milch. Es gibt aber auch umgekehrt Wasser-in-Öl-Emulsionen; die bekannteste ist die Butter. Zur Herstellung von Cremes werden in der Regel Wasser-in-Öl-Emulsionen verwendet. Zu einer Emulsion gehört immer ein Emulgator, der das Auftrennen der wässrigen und öligen Anteile verhindert (Brechen der Emulsion).

151 Eine **Tablette** besteht aus einem **Wirkstoffanteil** und einem Anteil an **Hilfsstoffen.** Der Wirkstoffanteil kann aus gepulver-

ten Drogen, Drogenextrakten oder Arzneistoffen bestehen. Als Hilfsstoffe werden Stärke, Milchzucker, Talkum, Agar, Magnesiumstearat und andere Stoffe verwendet. Die Hilfsstoffe haben die Aufgabe, die Tablette zusammenzuhalten und sorgen dafür, dass sie im Verdauungstrakt wieder zerfällt (Füllmittel, Bindemittel, Sprengmittel).
Dragees sind überzogene Tabletten. Sie bestehen aus dem Drageekern, der die Wirkstoffe und Hilfsstoffe enthält und aus einem Überzug aus Zucker. Sie sind je nach der chemischen Beschaffenheit des Drageemantels (Überzug) entweder magensaft- oder dünndarmlöslich. Ist der Überzug zuckerfrei, spricht man von Filmdragees oder Filmtabletten. Bei Retard-Tabletten oder -Dragees ist die Wirkstoff-Freigabe verzögert und kann sich über mehrere Stunden erstrecken.

152 Der Unterschied zwischen fettem und ätherischem Öl ist deutlich zu sehen, wenn man ein Filterpapier damit betropft: Ein fettes Öl hinterlässt einen Fettfleck. Ein ätherisches Öl ist flüchtig, und der Fleck verschwindet mit der Zeit. Ätherische Öle besitzen im Gegensatz zu fetten Ölen einen aromatischen Duft und werden vorwiegend durch Wasserdampfdestillation gewonnen. Fette Öle besitzen in erster Linie diätetische Bedeutung, die ätherischen Öle dagegen eine arzneiliche, beispielsweise in der Aromatherapie.

153 **Salben** sind streichbare Zubereitungen zum Auftragen auf die Haut oder zum Einreiben. Sie bestehen aus Arzneistoff und Salbengrundlage. Die Arzneistoffe sind entweder feste, zähflüssige oder flüssige Substanzen (Campher, Menthol, Salicylsäure, ätherische Öle), die sehr fein in bestimmten Salbengrundlagen verteilt werden. Als Salbengrundlagen werden verwendet: Vaseline, Lanolin, Wachse, Polyethylenglykole usw.. Salben können entweder Wasser-in-Öl-Emulsionen sein oder Öl-in-Wasser-Emulsionen.
Kühlsalbe besitzt auf der Haut eine kühlende Wirkung, die dadurch zu Stande kommt, dass das enthaltene Wasser verdunstet. Es handelt sich um eine Öl-in-Wasser-Emulsion, bei der sich das Wasser in der äußeren Phase befindet (im Arzneibuch als „Unguentum leniens“ bezeichnet).
Pasten sind Salben, in die ein hoher Anteil fester Stoffe (z.B. Zinkoxid, Schwefel, Beinwellwurzelpulver) eingearbeitet ist.
Cremes sind hydrophile, abwaschbare Öl-in-Wasser-Emulsionen (z.B. Ungt. emulsificans aquosum), die leicht in die Haut einziehen und nicht fetten.

154 Sirupe sind konzentrierte Zuckerlösungen, die Arzneistoffe oder Pflanzenauszüge enthalten (z.B. Eibisch-, Feigen-, Spitzwegerich-, Hustensirup).

155 Bonbons werden aus einer Zuckermasse geformt und enthalten, sofern sie einem arzneilichen Zweck dienen sollen, entsprechende arzneiliche Zusätze (Hustensaftbonbons, Salbeibonbons, Eukalyptusbonbons, Anis-Fenchel-Bonbons). Bonbons sind für Diabetiker ungeeignet.
Pastillen sind Zubereitungen zum Lutschen, deren Form meist von der normalen Tablettenform abweicht (Plätzchen, Täfelchen, Zeltchen, Rauten usw.). Bekannt sind Quellsalzpastillen, Salmiakpastillen, Echinaceapastillen.

156 Apothekenpflicht besteht u.a. für folgende Darreichungsformen: Injektionen, Infusionen, Euterstifte, Wundstäbchen, **Zäpfchen** zur rektalen Anwendung, Aerosole mit sehr kleinen Teilchen (mittlere Teilchengröße von nicht mehr als 5 µm).

157 (Nein) Stark erhöhte Cholesterol- und Blutfettwerte können auf einer Stoffwechselkrankheit beruhen, die ärztlich behandelt werden muss. Knoblauchtropfen sind aber zur Vorbeugung einer allgemeinen Arteriosklerose freiverkäuflich und sind unterstützend wirksam.

158 Pepsin ist das eiweißabbauende Enzym des Magensaftes. Es entsteht unter Einwirkung der ebenfalls im Magensaft vorhandenen Salzsäure aus Pepsinogen, das in der Magenschleimhaut vorkommt. Pepsin wird z.B. zur Herstellung von Pepsinwein verwendet (Verbesserung der Eiweißverdauung).

159 (Nein) Zur Beseitigung krankhafter Beschwerden sind nur Frischpflanzenpresssäfte aus **einer** Pflanzenart freiverkäuflich. Verschiedene Presssäfte werden aber als Kombinationspackungen angeboten, die im Wechsel eingenommen werden sollen.

160 Agar-Agar ist ein Quellstoff, der aus Meeresalgen gewonnen wird.

161 (Nein) Tabletten und Dragees dürfen laut Verordnung nach § 45 nur aus gepulverten Pflanzen und Pflanzenteilen bestehen. Extrakte und Reinstoffe dürfen nur zugesetzt sein, wenn keine Heilaussagen gemacht werden und die Produkte nach § 44 Abs. 1 als „Vorbeugungsmittel“, in den Verkehr gebracht werden.

162 (Ja) Tabletten oder Dragees dürfen nur dann mit Heilaussagen (Beseitigung oder Linderung) in den Verkehr gebracht werden, wenn sie aus gepulverten Pflanzen (höchstens vier) der Anlage 1c hergestellt sind. Es dürfen nur unwirksame Hilfsstoffe zugesetzt sein. Tabletten und Dragees, die mit vorbeugenden Aussagen wie z. B. Funktionsstärkung in den Verkehr gebracht werden, können wirksame Zusatzstoffe (z. B. Pflanzenextrakte, Rutin usw.) enthalten. Sie sind im freiverkäuflichen Sortiment hauptsächlich enthalten. Es kann also durchaus sein, dass Tabletten oder Dragees **ohne** Heilaussagen wirksamer sind als solche **mit** Heilaussagen.

163 (Keine) Bei Lutschtabletten werden keine Pflanzen oder Pflanzenteile verwendet, sondern Pflanzen**extrakte.** Die Anzahl ist nicht beschränkt.

164 (Nein) Für Abführmittel ist keine Darreichungsform vorgeschrieben. Die Zahl der zu verwendenden Stoffe und Zubereitungen aus Anlage 2b ist nicht begrenzt.

165 Magnesium und Aluminium werden in bestimmten Verbindungen (z. B. als Magnesiumtrisilikat oder als Aluminiumsilikat) als Mittel gegen Magenübersäuerung verwendet. Laut Anlage 1a der Verordnung nach § 45 ist entweder die Pulverform oder die Tablettenform zulässig.

166 Antwort d) ist richtig (Petersilienwurzel).

167 Antwort a) ist richtig (Eibischwurzel).

168 Antwort b) ist richtig (Sesamöl).

169 Kürbiskerne und Weidenröschentee können zur besseren Entleerung der Blase, bei nächtlichem Harndrang, Nachträufeln usw. empfohlen werden, also bei Beschwerden, die häufig mit einer Prostatavergrößerung einhergehen. Gegen die Prostatavergrößerung selbst sind sie unwirksam.

170 Der Hersteller und der Sachkundige müssen auf jeden Fall die Anlage 3 (Krankheitsliste) beachten. Wacholderzubereitungen sind daher nur zur Entwässerung, zur Förderung der Harnausscheidung usw. freiverkäuflich, nicht aber gegen Krankheiten der Nieren, Gicht, Wassersucht usw.

171 (Nein) Bei Krampfadern oder Venenentzündung handelt es sich um Anwendungsverbote der Anlage 3 (Krankheitsliste).

172 (Ja) **Funktionsstörungen** der Gallenwege fallen nicht unter das Anwendungsverbot der Anlage 3. Ein solcher Tee könnte z. B. Curcumawurzel, Löwenzahnkraut mit Wurzel, Lavendelblüten, Wermutkraut, Pfefferminzblätter, Schafgarbenblüten, Katzenpfötchen usw. enthalten.

173 Aluminiumacetat-tartrat-Lösung ist Essig-weinsaure Tonerdelösung. Sie wird verdünnt zu kühlenden Umschlägen, Spülungen und zum Gurgeln verwendet (zusammenziehende, leicht antiseptische Wirkung). Laut Anlage 1 a ist auch die Tablettenform freiverkäuflich.

174 Die Fenchelfrüchte müssen vor dem Übergießen leicht gequetscht werden. Der Tee muss beim Ziehen zugedeckt bleiben (ätherisches Öl ist mit Wasserdampf flüchtig; daher sind für die Zubereitung eines Fencheltees spezielle „Kräuter-Tassen" mit einem Deckel zu empfehlen). Heilaussagen sind erlaubt (§ 44). Der Fencheltee hat hauptsächlich krampflösende, blähungstreibende und schleimlösende Wirkung. Die gleichen Aussagen sind auch bei einem Fenchel-Instanttee erlaubt.

175 Krampflösend im Magen-Darm-Bereich sind z. B. Kümmel- und Fenchelfrüchte, Kamillenblüten, Pfefferminzblätter, Schafgarbenkraut usw.
Für das Mischen hat auch der Sachkundige keine Herstellungserlaubnis. Der Kunde muss die Drogen zu Hause selbst mischen.

176 Freiverkäufliche Arzneimittel gegen Durchfall sind z. B. Kohle, Heilerde, Kieselerde, Leinsamen (Schleim), getrocknete Heidelbeeren, Blutwurz, Gänsefingerkraut, schwarzer Tee. Sehr wichtig ist die Empfehlung, Wasser und die verlorengegangenen Salze zu ersetzen (Trinken von Elektrolytlösungen).

177 Menthol ist der Hauptwirkstoff des Pfefferminz- und Minzöles und wird durch „Ausfrieren" bei –10 °C aus Minzöl gewonnen. Menthol wirkt kühlend, schmerzlindernd, juckreizstillend, hustenlindernd. Menthol ist Hauptbestandteil der Mentholstifte (gegen Kopfschmerzen). Es gibt auch synthetisches Menthol.

178 Campher ist der Hauptbestandteil des ätherischen Öles des Campherbaumes. Er wird äußerlich in Camphersalben, Campherspiritus usw. zur Durchblutungsförderung verwendet (Positivliste Anlage 1 a). Es gibt auch synthetischen Campher.

179 Kamillenextrakt wird durch Ausziehen von Kamillenblüten mit verdünntem Alkohol gewonnen. Eingedickt kann er mit Salben-

grundlage vermischt werden (Kamillensalbe) und ist laut Anlage 1 a mit Heilaussagen, z. B. gegen Entzündungen der Haut, freiverkäuflich.

180 Infusionen und Injektionen (Spritzen) sind Zubereitungsformen, die in die Blutbahn oder in das Gewebe mittels einer Kanüle verabreicht werden. Bei Infusionen werden größere Flüssigkeitsmengen verabreicht. Beide Darreichungsformen sind nicht freiverkäuflich (siehe Verbot bestimmter Darreichungsformen).

181 Aerosole sind Darreichungsformen, bei denen der Wirkstoff fein versprüht und eingeatmet wird. Sind die versprühten Teilchen kleiner als 5 μm (Mikrometer), ist das Aerosol apothekenpflichtig (z. B. Asthmasprays).

182 Grundsätzlich apothekenpflichtig sind, Injektionen, Infusionen, Zäpfchen (rektal), Wundstäbchen, Implantate, Darreichungsformen zur Anwendung in der Brust von Tieren (Euter), im Uterus, Aerosole mit Teilchengrößen unter 5 μm (Mikrometer).

183 Die üblichen Kopfschmerztabletten sind apothekenpflichtig. Freiverkäuflich sind dagegen Tabletten aus gepulverter Weidenrinde, die allerdings gegen Kopfschmerzen aufgrund ihres niedrigen Wirkstoffgehaltes nicht die erwartete Wirkung besitzen.

184 Tabletten gegen rheumatische Beschwerden sind dann freiverkäuflich, wenn sie aus höchstens 4 Pflanzen und Pflanzenteilen der Anlage 1 c hergestellt sind und einen Durchmesser von mindestens 3 mm besitzen. Damit werden homöopathische Kügelchen von der Freiverkäuflichkeit ausgeschieden.

185 Medizinische Kohle wird durch Verkohlung von pflanzlichem oder tierischem Material (Holz, Knochen usw.) hergestellt. Durch die feine Verteilung kann sie Bakterien und Giftstoffe an sich binden und wird daher innerlich gegen Durchfall verwendet.

186 Fenchelhonig darf nur als Hustenmittel bezeichnet werden, wenn er mindestens 50 % Honig aufweist.

187 **Schleim**drogen lindern den Hustenreiz. Beispiele: Eibischwurzeln, Malvenblüten, Huflattichblätter, Isländisches Moos.
Saponindrogen und einige Drogen mit ätherischem Öl lösen den festsitzenden Schleim und erleichtern das Abhusten. Beispiele für Saponindrogen: Primelwurzel, Süßholzwurzel, Wollblumen. Drogen mit ätherischem Öl: Anis, Fenchel, Thymian, Pfefferminze, Eukalyptus. Letztere wirken auch antibakteriell.

188 Drogen zur Anregung der Magensaftsekretion sind Bitterstoffdrogen (Enzianwurzel, Tausendgüldenkraut, Bitterklee) und Drogen mit ätherischem Öl (Wermutkraut, Fenchel, Kümmel, Anis, Pomeranzenschale).
Drogen zur Anregung der Gallenproduktion sind Artischocke, Pfefferminze, Lavendel, Wermut, Curcumawurzel, Löwenzahnkraut mit Wurzel.
Die Drogen zur Anregung der Magensaftsekretion regen auch die Gallenproduktion meist mit an.

189 Die in freiverkäuflichen Herzmitteln am häufigsten vorkommende Droge ist der Weißdorn (Blätter und Blüten). Wirkstoffe sind Flavonoide und Procyanidine.

190 Die Antworten a), c) und e) sind richtig (Altersherz, nervöse Herzbeschwerden und Funktionsstärkung).

191 Antwort A muss angekreuzt werden. Iod ist in der Negativliste Anlage 4 (allerdings mit einigen Ausnahmen) aufgeführt. Iodtinktur und iodhaltige Heilwässer sind freiverkäuflich.

192 Bei einer Teemischung ist laut Verordnung zu § 44 die Anzahl der Bestandteile nicht vorgeschrieben. Die Anwendungsgebiete dürfen nicht gegen Anlage 3 verstoßen und es darf keine Irreführung vorliegen, d.h. es dürfen keine Wirkungen versprochen werden, die nicht eintreten. Sonst gibt es keine Einschränkungen bezügl. der Anwendungsgebiete.

193 Ein lösliches Teeaufgusspulver mit Heilaussagen darf aus höchstens 7 Drogen hergestellt sein, die in Anlagen 1 d und 1 e aufgeführt sein müssen. Sie sind **ausschließlich** zur Anwendung als Hustentee, Brusttee, Husten- und Brusttee, Magentee, Darmtee, Magen- und Darmtee, Beruhigungstee oder harntreibender Tee freiverkäuflich.

194 Ein lösliches Teeaufgusspulver aus **einer** Pflanze der Anlage 1 d kann die Anwendungsgebiete nennen, die für die Pflanze zutreffen. (z.B. Pfefferminztee, Kamillentee, Fencheltee, Baldriantee).

195 Anworten a) und c) sind richtig (Borsäure ist in der Negativliste Anlage 4 aufgeführt. Kontaktlinsenpflegemittel mit Borsäure sind als Medizinprodukte-Zubehör freiverkäuflich).

196 a) Ja, die Zahl der Pflanzen ist begrenzt
b) Vier
c) Es sind keine Anwendungsgebiete vorgeschrieben (üblich sind z. B. „Rheumatabletten", „Magentabletten")
d) Tabletten, die außer Pflanzen und Pflanzenteilen noch weitere wirksame Bestandteile enthalten, sind nicht als Heilmittel zur Beseitigung oder Linderung von Beschwerden freiverkäuflich (nur zur Vorbeugung, Funktionsstärkung usw.).

197 a) beliebig viele
b) es sind z. B. Pflanzenextrakte, ätherische Öle, Vitamin C, Fenchelhonig, Lakritze, Salze aus Mineralwässern aufgeführt
c) das Anwendungsgebiet ist Husten und Heiserkeit (Darreichungsform: zum Lutschen).

198 Ätherische Öle kann man durch Destillation, durch Auspressen sowie durch Extraktion (Auslaugen) mit Lösungsmittel oder Fett und durch Extraktion mit überkritischen Gasen (z. B. CO_2) gewinnen.

199 Die Anwendungsgebiete sind nicht vorgeschrieben. Es sind Heilaussagen erlaubt, z. B. gegen Erkältung, gegen Prellung, gegen Verdauungsbeschwerden, gegen Insektenstiche usw.

200 Produkte, die durch Mischen ätherischer Öle hergestellt werden, werden fälschlicherweise oftmals auch als Destillate bezeichnet.

201 Trockendestillate sind als „Heilmittel" nicht freiverkäuflich.

202 Birkenteer (Anlage 1 a) wird durch trockene Destillation der Birkenrinde und der jungen Birkenzweige gewonnen. Er wird in der Tiermedizin verwendet.

203 (Ja) Zubereitungen aus Baldrian- und Hopfenextrakt sind als Fertigarzneimittel zur Beseitigung oder Linderung von Schlafstörungen freiverkäuflich (Positivliste Anlage 1 a!).

204 (Nein) Dragees aus Baldrian- und Hopfenextrakt plus Johanniskrautextrakt sind nicht zur Beseitigung oder Linderung von Schlafstörungen freiverkäuflich, sondern nur zur Förderung gesunden Schlafs, zur Erleichterung des Einschlafens, da die genannte Zusammensetzung in Anlage 1 a, nicht aufgeführt ist.

205 Insektizide sind Schädlingsbekämpfungsmittel. Die Insektengifte dringen durch den Panzer der Tiere und werden über Lymph- und Nervenbahnen zum Zentralnervensystem geleitet, wo sie zu Lähmungen und zum Tod der Schädlinge führen.

206 Paraffin ist freiverkäuflich in nichtflüssigen Abführmitteln. Es darf bis zu 10 % enthalten sein.

207 Teemischungen mit Heilaussagen sind laut § 44 Abs. 3 AMG 76 als Fertigarzneimittel freiverkäuflich, wenn sie mit den verkehrsüblichen deutschen Namen bezeichnet sind, keine apothekenpflichtigen Drogen enthalten und nicht gegen die Anwendungsverbote der Anlage 3 verstoßen. Die Aufmachung und Aussagen dürfen nicht irreführend sein.

208 In medizinischen Bädern finden z. B. Extrakte aus Kamille, Thymian, Rosmarin, Melisse, Baldrian, Fichtennadeln (oder deren ätherische Öle) Verwendung.

209 Salben gegen Husten und Erkältung sind freiverkäuflich, wenn es sich um Camphersalben laut Anlage 1 a handelt. Es können auch Zusätze wie z. B. ätherische Öle, Menthol enthalten sein.

210 Sonnenschutzmittel enthalten Lichtschutzsubstanzen, die die Haut vor UV-A- und UV-B-Strahlung soweit schützen, dass ein Sonnenbrand vermieden wird. Der Lichtschutzfaktor gibt an, wievielmal länger man die Haut der Sonne aussetzen kann, als ohne Sonnenschutzmittel.

211 Lippenpflegestifte enthalten fettartige Substanzen (Fette, Wachse usw.), die bei ca. 60 °C weich werden und evtl. Arzneistoffe. Sie schützen die Lippenhaut vor dem Austrocknen und Rissigwerden. Als Prophylaktika sind sie Arzneimittel. Stehen pflegende oder dekorative Zwecke im Vordergrund, sind sie Kosmetika.

212 Puder bestehen aus feinstverteilten Arzneistoffen und Grundstoffen. Letztere sind z. B. Talkum, Stärke, Zinkoxid, Kieselsäure und weißer Ton. Man kennt Kinderpuder, Fußpuder, juckreizstillende Puder, Puder zur Verhütung von Wundsein.

213 Destilliertes Wasser wird durch Destillation gewonnen. Es enthält keine Mineralstoffe und keine lebenden Mikroorganismen, d. h. es ist hygienisch einwandfrei.
Demineralisiertes Wasser ist in einem Entsalzungsapparat entsalzt worden. Mikroorganismen werden durch diesen Vorgang nicht abgetötet.

214 Antwort C ist anzukreuzen (nur b, d und e sind richtig).

215 Antwort C ist anzukreuzen (a, c und d sind richtig).

216 a), b) und d) sind falsch. (Antwort b) ist deshalb falsch, weil in den genannten Tabletten nicht „Wirkstoffe" sondern Pflanzen**teile** enthalten sein müssen.

217 Antwort d) trifft nicht zu. (Anlage 1 b ist eine Negativliste. Diese Pflanzen dürfen nicht verwendet werden).

218 Antwort D muss angekreuzt werden. Nur a) und d) sind richtig.

219 Blutstillende Watte (imprägniert mit Eisen-(III)-chlorid), wärmende Watte zum Auflegen z. B. bei Muskelschmerzen (imprägniert mit Capsicumextrakt) sind freiverkäuflich (Anlage 1 a).

220 Freiverkäufliche Sprays sind z. B. Desinfektionssprays zur Anwendung an der menschlichen Haut, zur Desinfektion von Räumen und Geräten, Sprays zur äußeren Anwendung bei Muskelschmerzen und Verstauchungen, Erkältungssprays.

221 Pyrethrumextrakt ist ein Extrakt aus bestimmten Korbblütlern (Pyrethrumarten). Er dient als Insektenvernichtungsmittel und ist zur Anwendung bei Tieren als Fertigarzneimittel freiverkäuflich.

222 Freiverkäufliche Kompressen sind z. B. Fangokompressen gegen rheumatische Beschwerden (Anlage 1 a). Kompressen kann man sich auch aus freiverkäuflichen Arzneimitteln wie Leinsamen, Heilerde, selbst herstellen. Mullkompressen sind freiverkäufliche Medizinprodukte.

223 (Nein) Zahnputzgele, die Fluor (zur Vorbeugung von Karies) enthalten und auf denen vermerkt ist, dass sie nur einmal pro Woche verwendet werden sollen und nur für Erwachsene und Schulkinder geeignet sind, dürfen nur in Apotheken abgegeben werden.

224 Destillate als abgabefertige Arzneimittel (z. B. Salus-Bio-Destillate) werden aus Ätherischöldrogen durch Destillation zusammen mit verdünntem Alkohol gewonnen. Die Ätherischöldrogen werden also mit einem Wasser-Alkoholgemisch zusammen erhitzt. Der Dampf, bestehend aus den ätherischen Ölen und dem Alkohol-Wasserdampf wird an einem Kühler abgekühlt und tropft als flüssige Mischung ab. Damit die ätherischen Öle klar gelöst bleiben, muss die Alkoholkonzentration recht hoch sein (je nach dem Gehalt an ätherischen Ölen im Kondensat meist über 40 Vol.-%). Ist der Alkoholgehalt zu niedrig, wird das Destillat trübe. Auf die gleiche Weise kann man auch Destil-

late gewinnen, die neben Ätherischölpflanzen noch bestimmte Zusätze (Menthol, Balsame, Harze usw.) enthalten oder aus Mischungen von ätherischen Ölen hergestellt werden (siehe Verordnung zu § 45).

225 Wermutkraut kann bei Appetitlosigkeit, Magenbeschwerden mit Völlegefühl und zur Förderung der Gallensekretion verwendet werden.

226 Vitamin E ist als Fertigarzneimittel freiverkäuflich; eine bestimmte Darreichungsform ist nicht vorgeschrieben, auch keine bestimmte Tagesdosis (vergleiche den Unterschied zu Vitamin D und A).

227 Iodverbindungen können in Röntgenkontrastmitteln, in Heilwässern, in Desinfektionsmitteln zum äußeren Gebrauch, in Zubereitungen zum Baden und in Seifen zum äußeren Gebrauch enthalten sein.

228 In Lutschpräparaten können z.B. enthalten sein: ätherische Öle (z.B. Eukalyptus- und Pfefferminzöl), Salmiak, Vitamin C, Cetylpyridiniumchlorid (Desinfektionsmittel), Campher, Lakritze, Menthol, Thymol, Pflanzenextrakte von Hustendrogen (z.B. Thymian, Isländisch Moos), Salze aus Heilwässern (z.B. Emser Salz).

229 Arzneipflanzen gegen Erkältungskrankheiten sind: Echinaceakraut und -wurzel des purpurfarbenen Sonnenhutes zur Steigerung der unspezifischen Abwehrkräfte.
Eibischwurzel und -blätter, Isländisch Moos, Lindenblüten, Malvenblüten und -blätter gegen trockenen Reizhusten.
Anis, Eukalyptusblätter und -öl, Fenchel, Huflattichblätter, Primelwurzel und -blüten, Süßholzwurzel, Thymiankraut, Wollblumenblüten zur Erleichterung des Abhustens bei Bronchialkatarrh.
Tormentillwurzelstock (Blutwurz), Kamillenblüten, Salbeiblätter, Spitzwegerichkraut zum Gurgeln bei entzündeter Rachenschleimhaut.
Holunderblüten, Lindenblüten (schweißtreibend) und Weidenrinde gegen fieberhafte Erkältungskrankheiten.

230 Antazida sind Mittel gegen Magen-Übersäuerung. Die Positivliste Anlage 1 a nennt eine ganze Reihe von chemischen Verbindungen die zu diesem Zweck als Fertigarzneimittel freiverkäuflich sind. Auch Leinsamenschleim kann Magensäure binden.

231 Substanzen der Anlage 1 a gegen Magen-Übersäuerung sind z. B. Natriumhydrogencarbonat (Bullrich Salz, Kaiser Natron) oder Magnesium- und Aluminiumsilicate bzw. Komplexe aus diesen Verbindungen. (Präparate: Abtei Magentabletten, Gastrimint Magentabletten, Zirkulin Magenpastillen).

232 Leinsamen-Schleim, Kartoffel-Presssaft, Heilerde

233 Trocknen, Zerkleinern, Pulverisieren, Pressen

234 Sorbit (Sionon®), Fruchtzucker (Fructose)

235 c, d, f und k sind gebräuchlich (Essigsäure, Milchsäure, Salicylsäure, Benzocain)

236 Nicht zugelassen in freiverkäuflichen Arzneimitteln sind laut Anlage 1 b
a) Farnkraut
e) Besenginsterkraut
h) Meerzwiebel
i) Rhabarberwurzel
k) Sennesblätter

237 Nicht freiverkäuflich sind
c) Tollkirschenfrüchte
d) Koloquintenfrüchte
f) Sennesfrüchte
h) Stechapfelfrüchte
i) Ignatiusbohne

238 Nicht freiverkäuflich sind
b) Fingerhutblätter
c) Stechapfelblätter
f) Maiglöckchenblätter

239 c) Wundstäbchen und g) feinst verteilte Aerosole sind der Apotheke vorbehalten.

240 c) Vitamin C ist ein „Stoff“ im Sinne des AMG.

241 c) Kochsalz, h) Natriumhydrogencarbonat sind chemische Verbindungen. Lebertran und Honig sind Stoffe tierischen Ursprungs; Hefe fällt unter den Stoffbegriff „Mikroorganismen“, a, e, f und g sind Zubereitungen und keine Stoffe im Sinne des § 3 AMG.

242 b) Senföl, g) Borsäure, h) Resorcin dürfen in freiverkäuflichen Arzneimitteln nicht enthalten sein. (Vergleiche hierzu die Negativliste Anlage 4).
Kontaktlinsenflüssigkeit mit Borsäure ist Zubehör zu Medizinprodukten und kein Arzneimittel.

243 b, c, e, g, h, i sind falsch zugeordnet. Folgende Zuordnungen wären korrekt
b) Condurango/Rinde
c) Kamillen/Blüten
e) Fenchel/Früchte
g) Süßholz/Wurzel
h) Eibisch/Wurzel
i) Tamarinden/Früchte

244 Folgende Drogen bzw. Drogenbestandteile dürfen in einem freiverkäuflichen Abführmittel enthalten sein:
c) Manna
e) Tamarindenfrüchte
f) Feigen
g) Tragant
h) Agar-Agar
i) Rizinusöl

245 Folgende Drogen enthalten überwiegend fette Öle:
c) Rizinussamen, d) Leinsamen (Leinsamen ist sowohl Schleimdroge als auch Rohstoff ungesättigter Fettsäuren).

246 (**1**), b), e), f), h), i), k)
(Sesamöl Lebertran, Erdnussöl, Leinöl, Rinzinusöl, Olivenöl sind fette Öle)
(**2**) a), c), d), g), l)
(Kamillenblütenöl, Chinaöl aus der Minze, Japanisches Pfefferminzöl, Terpentinöl, Latschenkiefernöl sind ätherische Öle).

247 c) es verdunstet ohne Rückstand (Filterpapier-Probe)

248 Folgende der genannten Öle sind ätherische Öle:
b) Nelkenöl
c) Pomeranzenöl
d) Zitronellöl
e) Kamillenblütenöl
f) Eukalyptusöl

249 d) Melissengeist, f) Hienfong-Tropfen sind Destillate. (Baldriantropfen = Tinktur bzw. alkoholischer Auszug; Salbeitropfen = Tinktur bzw. alkoholischer Auszug; Knoblauchtropfen = Presssaft; Hoffmannstropfen = Alkohol-Ether-Gemisch; Kamillentropfen = Tinktur bzw. alkoholischer Auszug).

250 Folgende Drogen enthalten überwiegend Gerbstoffe
b) Tormentillwurzel
c) Eichenrinde
f) Hamamelisblätter
g) Heidelbeeren

251 (**1**) b) Hauhechelwurzel, i) Brennnesselkraut, k) Schachtelhalmkraut
(**2**) f) Lavendelblüten, g) Baldrianwurzel, l) Hopfenzapfen.

252 In löslichen Teeaufgusspulvern (Instanttees) sind enthalten:
b) pulverisierte **wasserlösliche** Kräutertee-Trockenextrakte.

253 Folgende Stoffe sind keine „Stoffe“ im Sinne des Arzneimittelgesetzes:
c) Verbandmull, i) Baldriantropfen (= Zubereitung).

254 d) als Mittel gegen Darmträgheit

255 Natrium: (**1**) b) chemisches Element
Heilwasser: (**2**) d) natürlich vorkommende Lösung.

3. Verwechselte, verfälschte oder verdorbene Arzneimittel

Antworten zu Punkt 3 der Prüfungsanforderungen:

„Erkennen von offensichtlich verwechselten, verfälschten oder verdorbenen Arzneimitteln.“

1 Wenn ein Einzelhändler Arzneimittel selbst abfüllt und unter seinem Namen in den Verkehr bringt, ist er voll für die Qualität verantwortlich. Dies gilt natürlich auch, wenn bereits beim Lieferanten eine Verwechslung vorgekommen ist und die Ware dort falsch etikettiert wurde.

2 Baldriantinktur ist eine braune Flüssigkeit, die typisch nach Baldrian riecht und schmeckt. Arnikatinktur ist eine goldgelbe bis gelbbraune Flüssigkeit mit würzigem Geruch nach Arnikablüten. Anwendung s. Kap. 2, Antworten 29 und 96.

3 Ätherische Baldriantinktur riecht im Gegensatz zur alkoholischen Baldriantinktur nach Baldrian **und Ether.** Sie ist feuergefährlich! Anwendung innerlich tropfenweise, z. B. bei Ohnmacht und äußerlich auf ein Taschentuch träufeln und riechen.

4 Campherliniment ist milchig und dickflüssig. Geruch nach Campher und Ammoniak. Anwendung äußerlich bei rheumatischen Beschwerden.

5 Essig-weinsaure Tonerde (= Aluminiumacetat-tartratlösung) ist eine farblose Flüssigkeit, die schwach nach Essigsäure riecht und zusammenziehend metallisch schmeckt (äußerlich zu Umschlägen).
Salmiakgeist (= verdünnte Ammoniaklösung) ist eine farblose, stechend riechende, ätzende Flüssigkeit (zum Betupfen von Insektenstichen). Vorsicht bei der Prüfung!

6 Hoffmannstropfen sind ein Gemisch aus Ethanol (Alkohol) und Ether (3:1). Sie riechen stark nach Ether und sind sehr feuergefährlich. Anwendung innerlich tropfenweise z.B. bei Ohnmacht und Magenverstimmung.

7 Bei Bittersalz handelt es sich um weiße, wasserlösliche Kristalle (Magnesiumsulfat · 7 H_2O) mit bittersalzigem Geschmack. In Wasser gelöst dient es als osmotisch wirksames Abführmittel.

8 Ethanol riecht etwas nach Eierlikör, Wasserstoffperoxid-Lösung besitzt fast keinen Geruch. Beide werden als Desinfektionsmittel verwendet (Ethanol 70 %ig).

9 Glycerin ist eine farblose, sirupartige Flüssigkeit mit **süßlichem** Geschmack. Es handelt sich nicht um ein Öl, sondern um einen dreiwertigen Alkohol. Verwendung als Hautpflegemittel.

10 Lanolin ist eine gelblich gefärbte Salbe, hergestellt aus Wollwachs, flüssigem Paraffin und Wasser. Vaseline ist ein gelbes, durchscheinendes, fast geruchloses Mineralfett, das bei der Erdölgewinnung als Nebenprodukt anfällt. Verwendung als Hautsalbe. Lanolin kann im Gegensatz zu Vaseline Wasser aufnehmen.

11 Rizinusöl ist blassgelb, klar und dickflüssig, fast geruch- und geschmacklos. Es dient als starkes Abführmittel.
Mandelöl ist hellgelb, klar und geruchlos (im frischen Zustand). Es wird leicht ranzig (Geruch!): Hautpflegemittel. Beide sind fette Öle.

12 Falls bei einem Fertigarzneimittel das Etikett oder die Faltschachtel verwechselt wurden und dies von mir aufgedeckt worden ist, teile ich dies umgehend dem Hersteller mit, damit er die entsprechende Charge zurückrufen kann.

13 Drogenverfälschungen sind häufiger als allgemein bekannt auf dem Markt anzutreffen. Entweder werden sie bewusst vorgenommen (bei teuren Drogen) oder sie kommen durch Unaufmerksamkeit oder durch unzulängliche botanische Kenntnisse beim Drogensammeln zu Stande. Entweder ist die Droge vollständig ausgetauscht oder es sind ähnlich aussehende Drogen beigemischt.

14 Beispiele für Drogenverfälschungen:
Dalmatinischer Salbei (= „Salbeiblätter“) verfälscht durch Griechischen (= dreilappigen) Salbei, Schachtelhalmkraut verfälscht

durch Sumpfschachtelhalmkraut, Weißdornfrüchte verfälscht durch Früchte nicht zulässiger Weißdornarten oder Ebereschenfrüchte, Weißdornblüten verfälscht mit Holunderblüten, Ebereschenblüten, Schlehenblüten (letzteren fehlt der charakteristische Fischgeruch).

15 Huflattichblätter werden häufig mit Pestwurzblättern verfälscht.

16 Arnikablüten werden mit Blüten der mexikanischen Arnika, welche nicht von A. montana stammt, verfälscht.

17 Safran ist sehr teuer (von Hand ausgezupfte Narbenschenkel einer Krokusart) und wird oft mit den Zungenblüten von Ringelblume oder Saflor (Färberdistel) verfälscht. Gewürzdroge.

18 Lindenblüten, die von Sommer- und Winterlinde stammen müssen, werden mit Blüten der als Alleebaum vorkommenden Silberlinde verfälscht.

19 Falls ein Einzelhändler Arzneidrogen aus größeren Gebinden abfüllen will, muss er sich auf seinen Drogenlieferanten voll verlassen können. Dies ist eigentlich nur möglich, wenn der Drogenlieferant bereit ist, ein „Drogen-Zertifikat" auszustellen. Der Einzelhändler muss aber auch in diesem Fall immer die **Identität** der Droge überprüfen.

20 Primelwurzel kann mit der giftigen Schwalbenschwanzwurzel verfälscht sein, Pfefferminze mit Krauseminze, Ackerminze oder Wasserminze. Auch ätherische Öle können verfälscht sein: z. B. Anisöl mit Sternanisöl oder Pfefferminzöl mit dem billigeren Minzöl.

21 Verdorbene Arzneimittel sind in ihrer Qualität (oft erheblich) gemindert. Sie müssen aussortiert werden (§ 8 AMG 1976, Verbote zum Schutz vor Täuschung).

22 Verderberscheinungen bei Tabletten: Zerfall, fleckiges Aussehen, Verfärbungen.

23 Verderberscheinungen bei Dragees: Verfärbungen, Aufplatzen der Drageedecke, Abheben der Drageedecke (= „Deckeln").

24 Verderberscheinungen bei Frischpflanzenpresssäften: Schimmelbildung, Gärungserscheinungen, nachträglich auftretender übermäßiger Bodensatz.

25 Verderberscheinungen bei Tonika: s. Antwort 24, vor allem Gärung.

26 Verderberscheinungen bei Kräutertees: Zerbröseln der Drogen, Verfärbungen, Schimmelbildung, modriger Geruch, Ungezieferbefall (Käfer, Maden, Dörrobstmotte).
Ein Ungezieferbefall ist häufig schon daran zu erkennen, dass Drogenteile an Spinnwebfäden hängen, dass Drogenteile angefressen oder durchlöchert sind (z.B. Kamillenblüten angebohrt durch die Bohrfliege, Liebstöckelwurzel durchsetzt mit Fraßgängen).

27 Verderberscheinungen beruhen nicht nur auf Herstellungs- und Verpackungsmängeln, sondern kommen auch sehr häufig durch unsachgemäße Lagerung beim Einzelhändler oder beim Verbraucher zu Stande. Auch der Befall mit Drogenschädlingen kann u.U. erst beim Einzelhändler erfolgen, insbesondere bei gemeinsamer Lagerung mit Lebensmitteln.

28 Ein verdorbenes Fertigarzneimittel ist u.a. am abgelaufenen Verfalldatum zu erkennen (Verwendbar bis Monat/Jahr).

29 Auch wenn das Verfalldatum erst 2 Tage überschritten ist, darf das Arzneimittel nicht mehr zum Verkauf vorrätig gehalten oder gar abgegeben werden. Der Einzelhändler macht sich strafbar, wenn er nicht sofort das abgelaufene Arzneimittel aus den Geschäftsräumen entfernt.

30 Verdorbene Fertigarzneimittel müssen zunächst aus dem Verkehr gezogen und danach sachgerecht vernichtet werden (je nach Umweltverträglichkeit des Produktes kann es entweder dem normalen Hausmüll beigefügt werden, oder es muss zum Sondermüll).
In Einzelfällen und je nach Sachlage können verdorbene Fertigarzneimittel auch an den Lieferanten bzw. Hersteller zurückgegeben werden. Bei verfallenen Fertigarzneimitteln besteht kein Rechtsanspruch auf Ersatz durch den Hersteller.

31 Minderwertige Drogen weisen entweder einen zu niedrigen Wirkstoffgehalt auf (z.B. Bitterstoffdrogen mit zu geringem Bitterwert, ätherische Öldrogen mit zu wenig ätherischem Öl), oder sie entsprechen in Aussehen, Geruch und Geschmack nicht den Vorschriften des Arzneibuches. (Farbveränderungen, Befall mit Insekten, hoher Stängelanteil bei Krautdrogen, zu geringer Blütenanteil bei Krautdrogen, Verunreinigungen durch Staub, Erde usw. Schimmelbefall).
Auffallend häufig sind minderwertige Fenchelfrüchte mit zu geringem Ölgehalt (unter 4 %) oder Kamillenblüten mit weniger als 0,4 % blauem ätherischem Öl.

32 (Nein) Arzneimittel mit abgelaufenem Verfalldatum gelten als verdorben, selbst wenn keine Verderberscheinungen festzustellen sind. Nach dem angegebenen Datum (Monat/Jahr) ist die Wirkung nicht mehr gewährleistet.

33 Königskerzenblüten dürfen nicht braun aussehen. Sie müssen von leuchtend gelber Farbe sein und trocken (evtl. über Trockenmittel) aufbewahrt werden.

34 Die Qualität einer Droge kann vom Sachkundigen nicht auf den Wirkstoffgehalt geprüft werden, d.h. er ist auf ein Drogenzertifikat des Lieferanten angewiesen. Er kann aber das Aussehen überprüfen, z.B. ob die Droge verunreinigt, stark zerfallen, verfärbt, verfälscht oder verwechselt ist, und ob Geruch und Geschmack entsprechen. Besonders wichtig ist die **Identitätsprüfung**, da Fehler beim Etikettieren vorkommen können.

35 Ein verdorbenes Pulverpräparat ist daran zu erkennen, dass es verfestigt oder verklumpt ist oder sich die Farbe verändert hat (zu feuchte Lagerung).

36 Verdorbene Weichgelatinekapseln sind daran zu erkennen, dass sich die Form verändert hat, dass sie undicht sind oder zusammenkleben.

37 (Ja) Qualitätsminderungen können auch durch falsche Lagerung, z.B. neben Heizkörpern, neben stark riechenden Stoffen sowie durch Feuchtigkeit hervorgerufen werden. Haftbar ist der Einzelhändler.

38 Bei verdorbenen Salben kann eine Phasentrennung (flüssig/fest) oder ranziger Geruch auftreten (bei mikrobiellem Verderb ein stinkender, fauliger Geruch), Salbe kann durch die Verpackung austreten.

39 Ätherische Öle sind flüchtig, besitzen meist einen aromatischen Geruch und hinterlassen im Gegensatz zum fetten Öl keinen Fettfleck auf Filterpapier, da das ätherische Öl restlos verdunstet.

40 Durch feuchte Lagerung verdorbene Königskerzenblüten (Wollblumen) sehen braun aus.

41 (Ja) Grundsätzlich müssen alle Drogen auf Identität, Wirkstoffgehalt und Verunreinigung geprüft werden. Da der Einzelhändler die meisten der im Arzneibuch verlangten Prüfungen nicht selbst durchführen kann, sollte er beim Drogenlieferanten ein Analysenzertifikat verlangen. Die Identitätsprüfung muss er allerdings auch in diesem Fall selbst vornehmen.

42 Im Deutschen Arzneibuch (DAB) sowie im Europäischen Arzneibuch (Ph. Eur.) und im Deutschen Arzneimittel-Codex (DAC) ist verbindlich (d.h. mit Gesetzeskraft) festgelegt, welche Qualitätsnormen ein Arzneistoff oder eine Arzneizubereitung erfüllen müssen. Die Kapitel, in denen Angaben zum Wirkstoffgehalt, zu weiteren Prüfungen, zur Herstellung, Bezeichnung, Aufbewahrung gemacht werden, nennt man „Monographien“.

43 Selbst wenn der Einzelhändler für eine größere Drogenmenge von seinem Lieferanten ein ordnungsgemäßes Analysenzertifikat bekommen hat, muss er trotzdem zur Sicherheit die Identität prüfen, d.h. er muss sich vergewissern, die bestellte Droge auch erhalten zu haben. (Etikettierfehler und Verwechslungen können immer vorkommen.) Der Einzelhändler trägt die volle Verantwortung, wenn er Arzneimittel selbst abfüllt.

44 Der Einzelhändler trägt die volle Verantwortung, wenn er Drogen selbst abfüllt. Eine Prüfung ist deswegen wichtig, weil es im schlimmsten Fall durch Verwechslungen mit stark wirkenden Drogen sogar zu Todesfällen oder zumindest zu Vergiftungsfällen kommen kann. (So z.B. bei Verwechslungen von Spitzwegerichblättern mit den ähnlich aussehenden Blättern des wolligen Fingerhuts oder von Klettenwurzeln mit Tollkirschenwurzeln usw.)

45 Minderwertige Johanniskraut-Droge ist daran zu erkennen, dass sie einen hohen Stängelanteil und nur sehr wenige Blüten- und Blattanteile besitzt sowie dass bereits Früchte vorhanden sind.

46 Das Schachtelhalmkraut muss vom Ackerschachtelhalm stammen, der harntreibende und bindegewebefestigende Wirkung aufweist. Beim Sammeln, kommen immer wieder Verwechslungen vor. Beimengungen des giftigen **Sumpfschachtelhalms** zählen zu den äußerst bedenklichen Verfälschungen.

47 Leinöl verharzt nach relativ kurzer Zeit, schmeckt dann ranzig und bitter. Feucht gelagerte Leinsamen schimmeln und der Schleim tritt aus.

48 a) Salmiaksalz (Ammoniumchlorid), weißes Pulver, schmeckt salzig; Salmiakpastillen; Hustenmittel
b) braune Flüssigkeit, riecht nach Baldrianwurzeln, Beruhigungsmittel

c) grob kristallin, bitter, Magnesiumsulfat, Abführmittel
d) Alkohol, farblose Flüssigkeit, Kältegefühl beim Trocknen auf der Haut; Desinfektionsmittel
e) braune oder farblose Flüssigkeit, riecht stark nach Alkohol; Einreibung (Fichtennadelfranzbranntwein ist grünlich und riecht nach Fichtennadelöl)
f) farblose ölige Flüssigkeit, schmeckt süß und lässt sich mit Wasser abwaschen
g) riechen stark nach Ether (1 Teil Ether, 3 Teile Alkohol); gegen Übelkeit 20 Tr. auf Zucker
h) farblos oder gelblich; stinkt nach Fisch; Vitamin A und D
i) weißes Pulver, mehlig und von schwach süßlichem Geschmack; leichtes Abführmittel (Säuglinge)
k) rotbraune Flüssigkeit, eigenartiger Geruch, zusammenziehender Geschmack Mund- u. Rachendesinfektionsmittel
l) gelbes Öl, wenn es frisch ist schwacher Geruch; zu Salbengrundlagen
m) farblos, Geruch nach Pfefferminze bzw. nach Menthol, Magen-Galle-krampflösend
n) fast farbloses, dickflüssiges Öl, schmeckt nach Lippenstift; Abführmittel
o) farblose Flüssigkeit, stechender Geruch, ätzend; gegen Insektenstiche, Rheuma
p) gelbes Pulver, riecht nach Streichhölzern oder faulen Eiern; gegen Hautunreinheiten
q) weißes, fettiges Pulver; Pudergrundlage
r) Ascorbinsäure, weißes Pulver, schmeckt sauer
s) farblose, geruchlose Flüssigkeit

49
- Anisfrüchte
- Arnikablüten
- Bärentraubenblätter
- Baldrianwurzeln
- Birkenblätter
- Brennnesselkraut
- Eibischwurzeln
- Eibischblüten
- Eichenrinde
- Enzianwurzel
- Fenchelfrüchte
- Hagebuttenfrüchte
- Holunderblüten
- Hopfenzapfen
- Huflattichblätter

- Johanniskraut
- Kamillenblüten
- Kümmelfrüchte
- Lavendelblüten
- Leinsamen
- Lindenblüten
- Löwenzahnkraut mit Wurzeln
- Melissenblätter
- Mistelkraut
- Pfefferminzblätter
- Ringelblumen
- Rosmarinblätter
- Salbeiblätter
- Schafgarbenkraut
- Spitzwegerichkraut
- Süßholzwurzeln
- Tausendgüldenkraut
- Thymiankraut
- Wacholderbeeren
- Weißdornblätter mit Blüten
- Weißdornfrüchte
- Wermutkraut

Empfehlenswertes, kostengünstiges Nachschlage-Handbuch: Schilcher, H.: **Kleines Heilkräuter-Lexikon**, 5. Aufl. 2008, Hädecke-Verlag, mit 79 Abbildungen der Arzneipflanzen und genauer Beschreibung der Drogen und deren möglichen Verfälschungen.

4. Lagerung von freiverkäuflichen Arzneimitteln

Antworten zu Punkt 4 der Prüfungsanforderungen:

„Ordnungsgemäßes Lagern von Arzneimitteln, insbesondere unter Berücksichtigung der Lagertemperatur und des Verfalldatums.“

1 (Nein) Arzneidrogen müssen deutlich getrennt von anderen Waren (z.B. Lebensmitteln) gelagert werden. Bei der Lagerung zusammen mit Südfrüchten kann im Übrigen ein nachträglicher Befall (= Sekundärbefall) mit Drogenschädlingen, z.B. der Dörrobstmotte, erfolgen.

2 (Nein) Arzneimittel dürfen nicht zusammen mit diätetischen Lebensmitteln oder Kosmetika gelagert werden. Dies ist schon allein dadurch erkennbar, dass für diese Warengruppen verschiedene Überwachungsbehörden zuständig sind.

3 Bei Fertigarzneimitteln gibt es die Lagerhinweise: nicht über **25 °C** lagern, nicht über **20 °C** lagern, nicht über **8 °C** lagern.

4 Ein Hustentee, der viele ätherische Öldrogen enthält, darf nicht über 25 °C gelagert werden. (Hinter einem Fenster, durch das die Sonne scheint, kann die Temperatur auf 50 °C steigen! Neben Heizkörpern ist die Temperatur ebenfalls wesentlich höher als 25 °C.) Am besten lagert man ihn in einem kühlen, trockenen Keller.

5 Manche Salze (z.B. Glaubersalz) sind hygroskopisch (wasseranziehend) und verklumpen. Sie müssen daher trocken, evtl. über einem Trockenmittel, gelagert werden.

6 Bei der Lagerung von Drogen ist nicht nur auf die Temperatur zu achten (nicht über 25 °C), sondern auch auf die Luftfeuchtigkeit (nicht über 75 % rel. Feuchte). Ein Raum, in dem z.B. mehrmals täglich Kaffee gekocht wird, ist für die Lagerung von Drogen nicht geeignet.
Die Vorratsgefäße müssen dicht schließen und aus einem Material hergestellt sein, das die Drogen gegen Feuchtigkeit, Licht und Insektenbefall schützt (z.B. Dosen aus Weißblech, braune Gläser).

7 Wollblumenblüten müssen besonders vor Feuchtigkeit geschützt (evtl. über einem Trockenmittel, z.B. Blaugel) gelagert werden.

8 Die Lagerung von Pfefferminz-Feinschnitt erfordert besondere Sorgfalt. Die Gefahr, dass das ätherische Öl verlorengeht, ist hier am größten, da ein Teil der ätherischen Öldrüsen „angeschnitten" sind und sich das ätherische Öl daraus besonders leicht verflüchtigen kann.
(Trockener Keller, nicht über 20 °C.)

9 (Nein) Werden Drogen in feuchten Räumen gelagert, bildet sich Schimmel, und die Drogeninhaltsstoffe können durch die Einwirkung von Enzymen verändert werden. Z.B. können aus Flavonoid**glykosiden** Flavonoid**aglyka** entstehen.

10 Tabletten und Dragees, insbesondere Vitamin-Brausetabletten müssen gut vor Feuchtigkeit geschützt gelagert werden. Ebenso Arzneimittel in Pulverform, Schleimdrogen, Arzneimittel, die Pflanzentrockenextrakte enthalten (z.B. Instanttees), Mineralsalze, Heidelbeeren, Wollblumen.

11 Vitamin-Brausetabletten werden durch ein Trocknungsmittel im Deckel des Röhrchens vor Feuchtigkeit geschützt. Das Trockenmittel saugt die Feuchtigkeit auf, die beim Öffnen in das Gefäß gelangt.

12 Man kann feuchtigkeitsempfindliche Drogen zusammen mit einem Trocknungsmittel (z.B. Blaugel oder gebrannter Kalk in sogenannten „Kalkkisten") lagern. Das Trocknungsmittel saugt nach jedem Öffnen die Feuchtigkeit auf. Es muss von Zeit zu Zeit ausgewechselt oder durch Trocknen neu aktiviert werden.

13 Nicht über 20 °C sollten gelagert werden: alkoholfreie Tonika, Leinsamen, Leinöl, Kühlsalbe, Lebertran, Frischpflanzenpresssäfte. Feinschnitte von äth. Öldrogen (Pfefferminze im Filterbeutel usw.).

14 c) Nein, Arzneimittel müssen deutlich getrennt von anderen Waren (Lebensmittel, Kosmetika) gelagert werden.

15 (Nein) Kamillenblüten dürfen, ebenso wie alle anderen ätherischen Öldrogen nicht in der Nähe von Heizkörpern gelagert werden, das sich bereits bei relativ niedrigen Temperaturen die ätherischen Öle verflüchtigen können.

16 Zäpfchen zur rektalen Anwendung sind nicht freiverkäuflich. Der Einzelhändler braucht sich über ihre Lagerung keine Gedanken zu machen!

17 Nach Ablauf des Verfalldatums kann die angegebene Wirkung nicht mehr garantiert werden, da eine Veränderung oder ein Abbau der Wirkstoffe erfolgt.

18 Das Verfalldatum ist mit dem Hinweis „verwendbar bis“ sowie Monat und Jahr auf der Packung anzugeben.

19 Laut Gesetz müssen alle Arzneimittel mit einem Verfalldatum versehen sein. In der Praxis ist dies noch nicht immer der Fall. Leinsamen, Kürbissamen, flüssige Vitaminpräparate, Arzneitees in Filterbeuteln müssen ständig auf ihr Verfalldatum kontrolliert werden.

20 Geeignete Kontrollsysteme zur Überwachung von Verfalldaten sind z.B. Listen, Kärtchen, farbige Kennzeichnung der Produkte, Computersysteme. Man sollte vor allem auflisten, welche Präparate ständig überwacht werden müssen, wenn sie nur kurze Zeit haltbar sind.

21 Für die Arzneimittelüberwachung im Einzelhandel ist meist das Regierungspräsidium (bei Stadtstaaten der Senator für Gesundheit) zuständig. Für die Überwachung aller übrigen Waren (Lebensmittel usw.) ist der Wirtschaftskontrolldienst zuständig.

22 Weiße Glasgefäße sind für die Lagerung von Drogen ungeeignet, da sie lichtdurchlässig sind. Geeignet sind braune Gläser, dichtschließende Blechdosen oder Tonnen aus festem Kartonmaterial oder Holz. Licht, Feuchtigkeit, Wärme und Insektenbefall können die Qualität von Drogen negativ beeinflussen.

23 Antwort D muss angekreuzt werden (2 bis 5 sind richtig).

24 Im Schaufenster oder neben einer Heizung können Temperaturen auftreten, die weit über der Zimmertemperatur liegen. Drogen dürfen nur zu Werbe- oder Dekorationszwecken im Schaufenster ausgestellt werden.

25 Wärme, Feuchtigkeit und Lichteinwirkung können die Qualität von Arzneimitteln ungünstig beeinflussen.

26 Arzneimittel sollen zu Hause kühl und trocken gelagert werden, z. B. nicht in Badezimmern. Sie müssen unzugänglich für Kinder in einem möglichst abschließbaren Schrank aufbewahrt werden.

27 Verkaufs- und Lagerräume sollten ausreichend groß, in baulich gutem Zustand, belüftbar, heizbar und sauber sein. Die relative Luftfeuchtigkeit in Lagerräumen sollte möglichst einen Wert von 40–50 % nicht überschreiten.

28 Wasserstoffperoxidlösung ist stark lichtempfindlich. Sie dient verdünnt zum Desinfizieren von kleinen Verletzungen, z. B. Schürfwunden, sowie als Mund- und Rachendesinfektionsmittel zum Gurgeln. Freiverkäuflich nach § 44.

29 Drogen müssen in verschlossenen Gefäßen, geschützt vor Feuchtigkeit, nicht über 25 °C (Feinschnitt mit ätherischem Öl unter 20 °C), geschützt vor Licht, Luftsauerstoff, Verunreinigungen, Insektenbefall gelagert werden.

30 Fertigarzneimittel, deren Verfalldatum abgelaufen ist, gelten als verdorben. Sie sind nicht mehr verkehrsfähig, dürfen also weder verkauft, noch zum Verkauf vorrätig gehalten werden.

31 Antwort e) ist richtig. Arzneimittel sind nur bei ordnungsgemäßer Lagerung bis zum Verfalldatum zu verwenden.

32 (Ja) Der Kunde wird das Arzneimittel aber sicher zurückbringen, weil das Verfalldatum mit dem Hinweis „verwendbar bis" angegeben ist. Man sollte Arzneimittel also rechtzeitig aussortieren.

33 (Nein) Verfallene Arzneimittel müssen getrennt aufbewahrt werden. Es muss deutlich erkennbar sein, dass sie zur Vernichtung vorgesehen sind und nicht zum Verkauf vorrätig gehalten werden.

34 Der Einzelhändler, der ein Verfalldatum nicht beachtet, macht sich strafbar. Er begeht eine Ordnungswidrigkeit, die mit Bußgeld bis zu 25.000 Euro belegt werden kann. Dies gilt auch, wenn er verfallene Arzneimittel zum Verkauf vorrätig hält.

35 Antwort c) ist richtig. Das Verfalldatum wird nur mit Monat und Jahr angegeben.

36 Antworten c) und d) sind richtig (nicht über 8 °C und nicht über 20 °C).

37 Bei „Raumtemperatur lagern“ bedeutet Lagerung zwischen 15 °C und 25 °C.

38 Der Hinweis „nicht über 20 °C lagern“ bedeutet, dass das Arzneimittel im Keller oder in einem gekühlten Raum gelagert werden muss.

39 „Nicht über 8 °C lagern“ bedeutet Lagerung im Kühlschrank.

40 Fertigarzneimittel, bei denen kein Hinweis angebracht ist, werden bei Raumtemperatur gelagert.

41 Im Regelfall sind Arzneimittel bei Raumtemperatur zu lagern. Sind Lagerhinweise zu beachten, müssen sie auf der äußeren Umhüllung angebracht sein.

42 Bei Fertigarzneimitteln findet man auf der äußeren Umhüllung die Lagerhinweise für den Einzelhändler (nicht über 20 °C, nicht über 8 °C lagern) sowie Aufbewahrungshinweise für den Verbraucher (nach Anbruch im Kühlschrank aufbewahren, innerhalb einer Woche verbrauchen usw.).

43 Die Antworten a), b) und c) sind richtig.

44 Frischpflanzenpresssäfte werden durch Pasteurisation oder Uperisation (= Ultrapasteurisation) haltbar gemacht. Beim letzten Verfahren wird heißer Wasserdampf nur kurzfristig mit dem Presssaft in Berührung gebracht und so die Keimzahl wesentlich vermindert.
Angebrochene Presssäfte müssen auch bei kühler Lagerung möglichst schnell (innerhalb einer Woche) verbraucht werden. Am besten werden angebrochene Frischpflanzenpresssäfte im Kühlschrank aufbewahrt.

45 d) alle Arzneimittel müssen ein Verfalldatum tragen.

46 c) auf der äußeren Verpackung, falls vorhanden (sonst auf dem Etikett) finden sie Lagerhinweise, die Sie bei der Lagerung von freiverkäuflichen Arzneimitteln beachten müssen.

47 e) in Flaschen aus weißem Glas darf Fenchelöl **nicht** gelagert werden.

48 d) durch Aufbewahrung über Blaugel: können feuchtigkeitsempfindliche Arzneidrogen geschützt werden.

49 b) Zäpfchen dürfen nur in Apotheken gelagert werden.

50 e) wenn das Verfalldatum überschritten ist, gilt ein freiverkäufliches Arzneimittel als verdorben.

51 Für die Lagerung von Drogen sind geeignet
c) Weithalsgefäß aus braunem Glas
e) Dose aus Weißblech mit dicht schließendem Deckel

52 a) stichprobenartige Kontrolle genügt nicht für die Überwachung des Verfalldatums.

53 c) kühl und trocken in belüftbaren Räumen sollen Drogenvorräte gelagert werden.

54 a) 2 Jahre können Kürbissamen maximal bei kühler und trockener Lagerung aufbewahrt werden.

55 c) offener Lebertran darf nur in Apotheken im Kühlschrank gelagert werden.

56 **Ätherische** Öle müssen vor dem Verdunsten und vor Licht- und Sauerstoffeinfluss, **fette** Öle vor dem Ranzigwerden geschützt werden (dicht schließende braune Flaschen, um Oxidationsreaktionen zu verhindern).

5. Abfüllen, Abpacken und Abgabe von freiverkäuflichen Arzneimitteln

Antworten zu Punkt 5 der Prüfungsanforderungen:

„Kenntnisse über ordnungsgemäßes Abfüllen, Abpacken und die Abgabe freiverkäuflicher Arzneimittel."

1 Das AMG 1976 versteht unter „Herstellen" **auch** das Umfüllen, Abfüllen, Abpacken und Kennzeichnen. (Wichtig für den Umgang mit freiverkäuflichen Arzneimitteln!)
Herstellen ist außerdem das Gewinnen, Anfertigen, Zubereiten, Be- und Verarbeiten (= Herstellung im üblichen Apothekenbetrieb).

2 Zur Herstellung von Arzneimitteln benötigt man im Allgemeinen eine Herstellungserlaubnis, die von der zuständigen Landesbehörde, meist den Regierungspräsidien erteilt wird. Dies betrifft vor allem Firmen, die Arzneimittel herstellen.

3 Einer Herstellungserlaubnis bedarf nicht der Einzelhändler, der die Sachkenntnis besitzt, allerdings nur für das Umfüllen, Abpacken oder Kennzeichnen von Arzneimitteln **in unveränderter Form unmittelbar an den Verbraucher.**

4 Der Einzelhändler darf kein Arzneimittel verändern und muss es unmittelbar an den Verbraucher weitergeben.

5 (Nein) Der sachkundige Einzelhändler darf Leinsamen, der als Arzneimittel abgegeben wird, **nicht schroten.** Er kann höchstens nach abgeschlossenem Verkaufsakt seine Mühle zur Verfügung stellen (siehe dazu auch Frage 3. „... in unveränderter Form ...").

6 (Nein) Der sachkundige Einzelhändler darf Arnikatinktur nicht selbst verdünnen. Er darf sie aber in unveränderter Form, d.h. unverdünnt abfüllen.

7 (Nein) Der sachkundige Einzelhändler darf keinen **Arzneikräutertee** selbst mischen. (Ein erfrischender Haustee, der als Lebensmittel im Verkehr ist, z.B. aus Hibiscusblüten, Hagebutten und Erdbeerblättern darf gemischt werden. Es dürfen aber keinerlei arzneiliche Aussagen gemacht werden.

8 Es ist vor allem auf persönliche Hygiene zu achten: saubere Hände, saubere Arbeitskleidung, nicht essen, nicht rauchen, lange Haare zurückbinden. Außerdem hat der Arbeitsplatz hygienisch einwandfrei zu sein.

9 Zum Abwiegen von Drogen sind Waagen erforderlich, die im Grammbereich genau und **geeicht** sind.

10 Die Mengenangabe bezieht sich **nur** auf den Inhalt!

11 Tara ist das Gewicht der Verpackung einer Ware. Sie muss abgezogen werden. (Eine gefütterte Tüte wiegt mehrere Gramm!)

12 Zum Abfüllen müssen saubere Schaufeln und Löffel verwendet werden. Zum Abfüllen von Flüssigkeiten sind saubere Trichter zu benutzen (am geeignetsten sind Glastrichter).

13 Wenn gleichzeitig verschiedene Drogen am gleichen Arbeitsplatz abgefüllt werden, können Verunreinigungen (Drogenstaub, Insekteneier usw.) sowie Pollen von einer in die andere Droge gelangen. Man nennt dies „cross-contamination“ (= kreuzweise Verunreinigung).

14 Hoffmannstropfen enthalten Ether und sind daher extrem feuergefährlich. Im Raum darf nicht geraucht werden!

15 Für Leinsamenbeutel wird beschichtetes Papier verwendet, das nicht durchfettet, aber „atmungsaktiv“ sein soll. Alu-beschichtete Folien eignen sich weniger.

16 Für die genannten Drogen (ätherische Öldrogen) ist beschichtetes, aromadichtes Papier zu verwenden, um ein Verflüchtigen der ätherischen Öle zu verhindern.

17 (Nein) Zum Abpacken von Drogen sollen Tüten verwendet werden, die die Drogen vor Luft, Licht und Feuchtigkeit schützen und das Eindringen von Drogenschädlingen verhindern.

18 (Nein) Salmiakgeist ist verdünnte Ammoniaklösung und damit eine ätzende Flüssigkeit. Sie muss in Arzneiflaschen abgefüllt werden, die gemäß der Gefahrstoffverordnung gekennzeichnet sind.

19 (Nein) Seifenspiritus in einer Limonadenflasche abgefüllt, könnte für Kinder sehr gefährlich werden. Er muss als äußerlich anzuwendendes Arzneimittel in Arzneiflaschen abgefüllt werden und entsprechend gekennzeichnet werden.

20 Wasserstoffperoxidlösung (3 %ig als Desinfektionsmittel) muss in braune Arzneiflaschen abgefüllt werden (lichtempfindlich).

21 § 10 regelt die Kennzeichnung von Fertigarzneimitteln. Jedes Fertigarzneimittel muss unter anderem folgende Angaben auf dem Etikett und ggf. auf der Faltschachtel tragen:

- Name und Anschrift des pharmazeutischen Unternehmers
- die Bezeichnung des Arzneimittels in deutscher Sprache; zusätzlicher Fantasiename ist möglich (z. B. Granufink Kürbiskerne)
- die Zulassungsnummer (Zul.-Nr.), oder die Registriernummer (Reg.-Nr.) nach § 39a–d AMG
- die Chargenbezeichnung (Ch.-B.)
- die Darreichungsform (z. B. Tee, Tropfen, Saft, Tabletten)
- den Inhalt nach Gewicht (Gramm), Rauminhalt (ml) oder Stückzahl
- die Art der Anwendung (z. B. zum Einnehmen, Einreiben, Lutschen)
- die wirksamen Bestandteile nach Art und Menge (Zusammensetzung)
- das Verfallsdatum mit dem Hinweis „Verwendbar bis“
- falls erforderlich die Hinweise „apothekenpflichtig“ und „verschreibungspflichtig“
- bei Mustern der Hinweis „unverkäufliches Muster“
- soweit erforderlich Warnhinweise und Lagerungshinweise, sowie für die Verbraucher bestimmte Aufbewahrungshinweise
- der Hinweis, dass das Arzneimittel unzugänglich für Kinder aufbewahrt werden soll (gilt nicht für Heilwässer)

22 (Nein) Ein Arzneimittel, das auf Verlangen eines Kunden abgefüllt wird und kein Fertigarzneimittel ist, muss nicht alle Angaben nach § 10 enthalten. Der § 10 gilt nur für Fertigarzneimittel.

23 Als Mindestangaben sollten aus Gründen der Arzneimittelsicherheit folgende Angaben gemacht werden, wenn ein Arzneimittel auf Verlangen eines Kunden abgefüllt wird: Name und Anschrift des Einzelhandelsgeschäftes, die Bezeichnung des Arzneimittels, die Darreichungsform, der Inhalt nach Gewicht, Rauminhalt oder Stückzahl, das Datum der Abgabe. Am einfachsten geschieht dies mit einem Stempelvordruck, in den die Angaben eingesetzt werden.

24 Apothekenpflichtige Arzneimittel sind an dem Aufdruck „apothekenpflichtig“ zu erkennen.

25 Die Zulassungsnummer (Zul.-Nr.) auf einer Packung zeigt, dass das Fertigarzneimittel gemäß AMG 1976 vom ehemaligen Bundesgesundheitsamt bzw. jetzt vom Institut für Arzneimittel und Medizinprodukte in (BfArM) Berlin zugelassen wurde.

26 Die **Registriernummer**, welche nach dem 1. AMG 1961 von Bundesgesundheitsamt (BGA) erteilt worden war, bedeutet nun nach § 39a–4d im 2. AMG 76 eine **vereinfachte** (!) Zulassung für *traditionell* angewendete pflanzliche Arzneimittel. Diese nunmehr beim BfArM **registrierten** Arzneimittel müssen folgenden Hinweis tragen: „Das Arzneimittel ist ein traditionelles Arzneimittel, das ausschließlich aufgrund langjähriger Anwendung für das genannte Anwendungsgebiet registriert ist.“

27 Vor der Abgabe eines Fertigarzneimittels ist darauf zu achten, ob „apothekenpflichtig“ bzw. „verschreibungspflichtig“ aufgedruckt oder ob das Verfalldatum abgelaufen ist.

28 (Ja) Eine Arzneikräuter-Teemischung gegen Husten ist laut § 44 als Fertigarzneimittel freiverkäuflich. Das heißt, sie muss **im Voraus** hergestellt und gemäß **Standardzulassung** gekennzeichnet sein.
Keinesfalls darf der Arzneitee vom Sachkundigen selbst gemischt werden!

29 (Ja) Sofern es sich um eine Arzneikräuter-Teemischung handelt, für die eine Standardzulassung vorliegt, darf der Sachkundige sie unter Berücksichtigung sämtlicher in der Standardzulassung genannten Voraussetzungen (Qualität, Kennzeichnung, Tütenmaterial) im Voraus abfüllen (zu Standardzulassung s. Kap. 7, Antwort 12).

30 (Nein) Arzneidrogen müssen mit ihrem verkehrsüblichen deutschen Namen gekennzeichnet sein. (Gilt nicht für Lebensmittel.)

31 Die Packungsbeilage ist als Gebrauchsinformation für den Verbraucher gedacht und enthält einige zusätzliche Angaben, unter anderem:
- die Anwendungsgebiete (= z. B. bei Husten und Erkältung)
- die Gegenanzeigen (z. B. nicht bei Darmverschluss)
- die Nebenwirkungen (z. B. Benommenheit, Mundtrockenheit) (Anm.: Nebenwirkungen sind Wirkungen, die bei bestimmungsgemäßem Gebrauch auftreten können)
- die Wechselwirkungen mit anderen Mitteln (z. B. können alkoholhaltige Arzneimittel die Wirkung anderer Arzneimittel stark beeinflussen, ebenso die Mittel zur Bindung überschüssiger Magensäure)
- die Dosierungsanleitung mit Einzel- und Tagesgaben
- die Art und ggf. die Dauer der Anwendung (z. B. Wacholderpräparate nicht länger als 6 Wochen)
- ggf. von der Bundesoberbehörde (BfArM) angeordnete Warnhinweise (z. B. „bei längerfristiger Anwendung können Kaliumverluste auftreten“ oder „enthält 72 Vol.% Alkohol“)
- den Hinweis, dass das Arzneimittel nach Ablauf des Verfalldatums nicht mehr anzuwenden ist sowie evtl. die Angabe der Haltbarkeit nach Öffnung des Behältnisses

32 (Nein) Gegenanzeigen und Nebenwirkungen stehen auf der Packungsbeilage, sofern vorhanden (sonst müssen sie auf dem Behältnis stehen, z. B. wenn das Arzneimittel ohne äußere Umhüllung in den Verkehr gebracht wird).

33 Warnhinweise müssen, sofern sie durch die zuständige Bundesoberbehörde (BfArM) angeordnet wurden, auf der äußeren Umhüllung **und** in der Packungsbeilage angegeben sein.

34 Antwort A muß angekreuzt werden (nur a) ist richtig).

35 Arzneimittel für Tiere tragen auf der äußeren Umhüllung unter anderem folgende Hinweise:
- „für Tiere“ und die Tierart, für die es bestimmt ist
- die Wartezeit (d. h. nach welcher Zeit der Anwendung das Tier zur Lebensmittelgewinnung dienen kann
- nicht bei Tieren anwenden, die der Lebensmittelgewinnung dienen
- nur vom Tierarzt anzuwenden

36 (Nein) „Herstellen“ im Sinne des AMG bedeutet nicht zwangsläufig eine Veränderung von Arzneimitteln. Man kann Arzneimittel z. B. in unveränderter Form **umfüllen**, **abfüllen**, **abpacken**, was ebenfalls unter den Begriff „Herstellen“ fällt.

37 Inverkehrbringen ist laut AMG 1976 das Vorrätighalten zum Verkauf, das Feilhalten (d.h. erkennbar zum Verkauf vorrätig halten), das Feilbieten (d.h. im Rahmen eines Verkaufsgespräches anbieten) und die Abgabe an andere (d.h. verkaufen, aber auch verschenken).

38 Antwort D muß angekreuzt werden (nur c), d) und e) sind richtig).

39 Gemischte Kräutertees zur Beseitigung oder Linderung von Krankheiten oder krankhaften Beschwerden sind freiverkäuflich, wenn sie keine apothekenpflichtigen Bestandteile enthalten, wenn nicht gegen die Anwendungsverbote der Anlage 3 verstoßen wird, wenn es sich um Fertigarzneimittel handelt, wenn die Drogen mit ihren verkehrsüblichen deutschen Namen bezeichnet sind, wenn keine Irreführung (z.B. hinsichtlich der Wirkungsweise des Tees) vorliegt.

40 (Ja) Für diese Teemischungen gibt es Standardzulassungen. Sie dürfen, wenn alle Vorschriften hinsichtlich Qualität, Verpackung und Kennzeichnung eingehalten werden, im Voraus abgefüllt und z.B. unter den Bezeichnungen „Blasen- und Nierentee“, „Magentee“, „Gallentee“ in den Verkehr gebracht werden.

41 Weitere Anwendungsgebiete, für die Sie Teemischungen selbst abfüllen dürfen sind „Beruhigungstee“, „Brusttee“, „Erkältungstee“, „Hustentee“, „Magen- und Darmtee“. Voraussetzung ist die Standardzulassung.

42 Ein Einzelhändler, der Arzneimittel unter seinem Namen in Verkehr bringt ist „Pharmazeutischer Unternehmer“ und haftet bei Verstößen gegen das Arzneimittelgesetz und bei Arzneimittelschäden.

43 Für die Erteilung einer Herstellungserlaubnis an eine Herstellerfirma müssen geeignete Räume und Einrichtungen (z.B. Laboratorien) vorhanden sein. Ferner muss nach § 15 AMG eine verantwortliche sachkundige Person, eine sog, **qualified person**, ständig vorhanden sein. Die qualified person muss eine Sachkenntnis nach § 14 AMG besitzen, welche entweder die Approbation als **Apotheker** oder ein abgeschlossenes Hochschulstudium der Chemie, Medizin oder Biologie vorsieht sowie eine mindestens 2-jährige praktische Tätigkeit auf dem Gebiet der Arzneimittelprüfung vorschreibt.

44 Bei alkoholhaltigen Arzneimitteln zum Einnehmen muss der Alkoholgehalt in Volumenprozent auf dem Etikett, der Faltschachtel und dem Beipackzettel angegeben sein.

45 Das Flammensymbol zeigt eine schwarze Flamme auf orangefarbenem Grund. Falls Sie brennbare Flüssigkeiten (Tinkturen, Alkohol, Hoffmannstropfen) vorrätig halten und auf Verlangen abfüllen, müssen Sie die Gefäße mit dem vorgeschriebenen Flammensymbol kennzeichnen. Ausgenommen sind Fertigarzneimittel.

46 Weitere Beispiele für brennbare Flüssigkeiten sind Benzin, Ether, Aceton, Isoprophylalkohol. Sie sind mit einem Flammensymbol zu kennzeichnen und mit zusätzlichen Hinweisen, die durch die Gefahrstoffverordnung und die Verordnung für brennbare Flüssigkeiten vorgeschrieben sind.

47 (Ja) Der Sachkundige darf Baldriantinktur in kleinere Fläschchen abfüllen. Da es eine Standardzulassung für Baldriantinktur gibt, kann sie auch im Voraus abgefüllt werden (Fertigarzneimittel). Dosierung: 2–3mal täglich 1/2 Teelöffel. Vor dem Einschlafen 1 Teelöffel, jeweils verdünnt mit einem halben Glas Wasser. Kinder nehmen die Hälfte ein. Beruhigungs- und Einschlafmittel.

48 (Ja) Rizinusöl darf auf Verlangen eines Kunden abgefüllt werden, ebenso wie Baldriantinktur, Arnikatinktur, verdünnte Wasserstoffperoxidlösung, Iodtinktur. Wenn die Vorgaben der Standardzulassung eingehalten werden, dürfen sie auch im Voraus abgefüllt werden.

49 Grüne Klarsichtpackungen können bei bestimmten Drogen als Verstoß gegen § 8 angesehen werden (Irreführung). Dies gilt insbesondere dann, wenn der Kunde durch die Aufmachung über die wahre Qualität der Droge getäuscht wird (z. B. missfarbene Pfefferminzblätter sehen in einer grünen Cellophanpackung grün aus.)
Werden Arzneidrogen im Voraus abgepackt, ist das Tütenmaterial in der Standardzulassung genau vorgeschrieben.

50 Folgende Stoffe dürfen von Ihnen abgefüllt werden
b) Ameisenspiritus
c) Rizinusöl
d) Baldriantinktur
f) Wacholderextrakt
g) Wacholderspiritus
i) Schwefel
k) Talkum
l) Camphersalbe
Die übrigen genannten Stoffe sind nur als Fertigarzneimittel freiverkäuflich. Vergleiche Positivliste Anlage 1 a.

51 d) Die Anzahl ist nicht vorgeschrieben.

52 Folgende Angaben gehören **nicht** in die Gebrauchsinformation des Beipackzettels
c) Chargennummer
d) Zulassungsnummer
g) Lagerungshinweise
i) Verfallsdatum

53 Folgende Angaben gehören in die Gebrauchsinformation des Beipackzettels
a) Dosierungsanleitung mit Einzel- oder Tagesgabe
b) Anwendungsgebiete
c) Wirksame Bestandteile nach Art und Menge
d) Art und Dauer der Anwendung
e) Nebenwirkungen
f) Wechselwirkungen
h) Datum der Fassung der Packungsbeilage

54 Folgende Angaben gehören **nicht** auf die äußere Verpackung von Fertigarzneimitteln
c) Gegenanzeigen
f) Nebenwirkungen
h) die Hilfsstoffe nach Art und Menge
i) Anwendungsgebiete

55 a) Auf dem Etikett finden Sie die vorgeschriebenen Angaben des Beipackzettels (Gebrauchsinformation), wenn das Arzneimittel ohne Umkarton im Verkehr ist.

56 Ja, bei Heilwässern braucht der Hinweis: „unzugänglich für Kinder aufbewahren“ nicht auf dem Etikett stehen.

57 Eine Chargenbezeichnung (Ch.-B.) ist
c) die Nummer, mit der die Arzneimittel gekennzeichnet sind, die in einem **einheitlichen** Arbeitsgang hergestellt wurden.

58 a) Herstellungsdatum

59 Ein Fertigarzneimittel muss
a) im Voraus hergestellt sein
b) zugelassen (Zul.-Nr.) oder registriert (Reg.-Nr.) sein
c) nach § 10 und § 11 gekennzeichnet sein (äußere Umhüllung, Etikett, Beipackzettel)

60 Durch die Standardzulassung werden alle Anforderungen abgedeckt.

61 d) diese Arzneimittel dürfen in Zoogeschäften nur in Anwesenheit einer sachkundigen Person verkauft werden.

62 Im Reisegewerbe dürfen abgegeben werden?
a) Emser Salz
e) Kamillenblüten als Fertigarzneimittel
g) Knoblauch-Presssaft als Fertigarzneimittel
(die Arzneimittel müssen mit der verkehrsüblichen deutschen Bezeichnung versehen sein).

63 Eine Mischung aus Baldriantinktur und Melissengeist ist nicht freiverkäuflich?
c) weil Baldriantinktur und Melissengeist in der Positivliste Anlage 1 a nur **einzeln** und nicht als Mischung aufgeführt sind.

64 a) lösliches Teeaufgusspulver „Magen-Darmtee“ aus Pfefferminz-, Walnuss- und Brombeerblättern ist apothekenpflichtig da nicht alle Arzneidrogen in den Positivlisten 1 d und 1 e aufgeführt sind.

65 e) Lebertranemulsion und
f) Fenchelhonig mit 50 % Honig
sind nur als Fertigarzneimittel freiverkäuflich.

66 Folgende freiverkäuflichen Arzneimittel dürfen **ohne** Sachkenntnis im Einzelhandel abgegeben werden
d) Sauerstoff
e) Wermuttee als Fertigarzneimittel
g) Fachinger Wasser
h) Artischockenpresssaft
i) Totes-Meer-Salz
k) Alkohol für Desinfektionszwecke
l) Vaginal-Schaum zur Schwangerschaftsverhütung
m) Durchfallmittel für Wellensittiche
(e, g, h, i sind im Reisegewerbe freiverkäuflich).

67 Folgende Aussage zu Destillaten als Arzneimittel trifft zu:
b) freiverkäuflich sind Destillate aus Mischungen von freiverkäuflichen Pflanzen als Fertigarzneimittel, auch mit ätherischen Ölen, Campher und Menthol.

68 c) Hühneraugenpflaster
Die übrigen sind Medizinprodukte und dürfen ohne Sachkenntnis abgegeben werden.

69 c) zerkleinern

70 b) Pharmazeutischer Unternehmer

71 c) nein, eine Blasen- und Nierentee-Mischung ist nur als zugelassenes Fertigarzneimittel freiverkäuflich.

72 a) ja, wenn alle Bedingungen der Standardzulassung erfüllt sind und die Drogen Arzneibuchqualität aufweisen, darf der sachkundige Einzelhändler eine fertig bezogene Blasen-Nierentee-Mischung im Voraus abfüllen.

6. Gefahren des unsachgemäßen Umgangs mit Arzneimitteln

Antworten zu Punkt 6 der Prüfungsanforderungen:

„Es ist festzustellen, ob der Prüfungsteilnehmer die mit dem unsachgemäßen Umgang freiverkäuflicher Arzneimittel verbundenen Gefahren kennt."

1 (Ja) Man kann auch mit freiverkäuflichen Arzneimitteln einen Arzneimittelmissbrauch betreiben (z. B. Alkoholmissbrauch).

2 Unter „Laxanzienabusus" versteht man einen Missbrauch mit Anthrachinon-haltigen Abführmitteln. Inbesondere die so genannten „natürlichen" Abführmittel wie Sennesblätter, Faulbaumrinde, Rhabarberwurzeln verleiten zu einer regelmäßigen Verwendung, weil viele Menschen der Meinung sind, sie betreiben eine „Entschlackung" oder eine „natürliche Darmpflege". Aus diesem Grund sind solche Mittel jetzt apothekenpflichtig.

3 (Nein) Natriumbicarbonat (z. B. Bullrichsalz) verschlimmert eher den Zustand, da es zur Bildung immer neuer Magensäure anregt und durch die Gasentwicklung im Magen die Magenschleimhaut reizen kann.

4 (Nein) Früher wurde **reine** Salicylsäure häufig zum Konservieren von Marmelade benutzt. Nach dem AMG 1976 ist Salicylsäure nur noch in **Zubereitungen** zum **äußeren** Gebrauch freiverkäuflich, z. B. in Hühneraugenmitteln.

5 Von Alkoholikern werden meist hochprozentige alkoholische Zubereitungen gekauft, vor allem Melissengeister, die bis zu 72 Vol.% Ethanol enthalten können, gelegentlich auch Medizinalweine und Tonika.

6 Von einem „nicht bestimmungsgemäßen Gebrauch“ von Arzneimitteln spricht man, wenn sie zu einem anderen Zweck als dem angegebenen verwendet werden (z. B. wenn Melissengeiste nur wegen des hohen Alkoholgehaltes eingenommen werden, wenn Abführmittel als „Schlankheitsmittel“ regelmäßig eingenommen werden usw.).

7 Handelsüblicher Melissengeist enthält über 70 % Alkohol (maximal bis zu 79 Vol.-%), Tonika und Medizinalweine in der Regel zwischen 16 und 18 Vol.-%.

8 Frischpflanzenpresssäfte sind ohne Konservierungsstoff hergestellt. Man darf daher nicht aus der Flasche trinken, muss die Flasche sofort wieder verschließen und im Kühlschrank aufbewahren.

9 Alkoholfreie Tonika, ohne Konservierungsstoffe, sind z. B. Gallexier® oder Floradix-Kräuterblut® mit Eisen. Nicht aus der Flasche trinken, sofort verschließen und im Kühlschrank aufbewahren.

10 Leberkranke, Diabetiker, Schwangere, Alkoholiker, Kinder aber auch Sportler (z. B. bei Sportschützen gilt Alkohol als Dopingmittel) sind durch Alkoholeinnahme gefährdet.

11 Ein Autofahrer soll Melissengeist wegen des hohen Alkoholgehaltes erst nach Beendigung der Fahrt einnehmen.

12 Unter Arzneimittelwechselwirkungen versteht man die gegenseitige Beeinflussung von Arzneimitteln. Alkoholhaltige freiverkäufliche Arzneimittel können die Wirkung von Schmerzmitteln, Beruhigungsmitteln, Schnupfenmitteln verstärken. Eisenhaltige Tonika können bestimmte Antibiotika (Tetracycline) unwirksam machen. Das gleiche gilt für Calciumpräparate (übrigens auch für Milch). Abführmittel können die Wirkung der „Antibabypille“ beeinträchtigen. Johanniskrautextrakte können die Wirkung von Marcumar®, Novodigal®, Ciclosporin und einer Reihe weiterer chemisch-synthetischer Arzneimittel verringern.
Antazida (Mittel gegen Magenübersäuerung) können andere Arzneimittel an sich binden und ihre Resorption vermindern, was unter Umständen sehr gefährlich werden kann (wenn lebenswichtige Medikamente eingenommen werden müssen).

13 Diabetiker müssen neben dem Zucker- auch den Alkoholgehalt in Arzneimitteln beachten.

14 (Nein) Nierenkranken sollte zur Entwässerung kein Wacholderpräparat empfohlen werden, da die tägliche Einnahme von ca. 100 mg ätherischem Wacholderöl, das reich an α- und β-Pinen ist, zu Nierenreizungen führen kann.

15 (Nein) Rosenhonig ist als Hustenmittel nur **ohne** Borax freiverkäuflich (Anl. 1 a). Borsäureverbindungen können bei Säuglingen und Kleinkindern schwere Gesundheitsstörungen verursachen und sind deshalb in der Negativliste Anlage 4 der VO zu § 45 aufgeführt.

16 (Nein) Arnikatinktur darf bei Herz-Kreislauf-Beschwerden nicht zur innerlichen Einnahme empfohlen werden (siehe Anlage 1 a). Es bestehen gesundheitliche Bedenken: Allergien, Magen-Darm-Reizungen, bei Überdosierung Kreislaufstörungen bis hin zum Atemstillstand. Arnikazubereitungen sind nur zur äußeren Anwendung freiverkäuflich.

17 (Nein) Bohnenschalentee ist zwar vom Diabetiker gut verträglich, hat aber keinen Einfluss auf den Blutzuckerspiegel und darf auch wegen der Krankheitsliste (Diabetes ist eine Stoffwechselkrankheit) nicht gegen Diabetes empfohlen werden.

18 (Nein) Misteltee wirkt nicht zuverlässig gegen hohen Blutdruck und darf wegen der Krankheitsliste auch nicht empfohlen werden.

19 (Nein) Eine akute Harnwegsinfektion kann und darf nicht mit Bärentraubenblättertee allein behandelt werden. Schon gar nicht können Bärentraubenblätterzubereitungen ein vom Arzt verordnetes Antibiotikum ersetzen.

20 Die Einnahme von Digitalispräparaten schließt die Einnahme von Weißdornpräparaten nicht grundsätzlich aus. Man sollte aber in jedem Fall den Arzt davon unterrichten und die Präparate nicht gleichzeitig, sondern in einem zeitlichen Abstand von etwa zwei Stunden einnehmen.

21 Freiverkäufliche Arzneimittel können die Wirkung von verordneten Mitteln verstärken oder abschwächen (z. B. Antazida, Johanniskrautpräparate). Von einer gleichzeitigen, nicht zeitversetzten Einnahme ist grundsätzlich abzuraten und auf jeden Fall ist der behandelnde Arzt über die zusätzliche Arzneimitteleinnahme zu informieren.

22 Eine Kontraindikation (Gegenanzeige) ist ein Umstand, der die Einnahme eines Arzneimittels verbietet. Z.B.: Abführmittel nicht anwenden bei Darmverschluss, Floradix Kräuterblut® mit Eisen nicht anwenden bei Eisenverwertungsstörungen.

23 Beispiele für Warnhinweise: enthält 79 Vol.- % Alkohol; Elektrolytverluste bei Daueranwendung; das Reaktionsvermögen kann beeinträchtigt werden, besonders im Zusammenwirken mit Alkohol.

24 (Nein) Arzneipflanzen bzw. Arzneidrogen sind nicht immer harmlos. Denken Sie nur an die hochwirksamen Arzneidrogen wie Fingerhut (Digitalis) und Tollkirsche (Atropa belladonna). Auch im freiverkäuflichen Bereich gibt es Einschränkungen z.B. bei Huflattichblättern oder Beinwellwurzeln (Tageshöchstdosen für Pyrrolizidinalkaloide), Wacholderbeeren, Arnikablüten. Als bedenklich eingestuft und damit verboten wurde Immergrünkraut. Apothekenpflichtig wurden die stark abführend wirkenden Anthrachinondrogen (z.B. Sennesblätter).

25 (Nein) Auch bei freiverkäuflichen Arzneimitteln kommt es auf die richtige Dosierung und Anwendung an. Beispiele: Vitamin A und D, Heilbuttleberöl, Arnikazubereitungen, Menthol, Wacholderölkapseln, Natriumbicarbonat, alkoholhaltige Zubereitungen wie Destillate und Tinkturen können bei unsachgemäßer Verwendung Schäden anrichten.

26 (Ja) Mittel gegen Magenübersäuerung (Magnesium- und Aluminiumverbindungen) können bei Langzeitanwendung zahlreiche unerwünschte Wirkungen hervorrufen. Wechselwirkungen mit anderen Arzneimitteln sind zu beachten (z.B. Verminderung der Resorption). Natriumbicarbonat (Bullrichsalz) verstärkt auf Dauer die Produktion von Magensäure und schädigt die Magenschleimhaut (dies kann sogar zu einem Magengeschwür führen).

27 (Nein) Sennesblätter und -zubereitungen führen bei Daueranwendung zu Kaliumverlusten und schädigen die Darmnerven und Darmschleimhaut. Sie sind nur für kurzzeitige Anwendung (auf Reisen, bei Kostumstellung) geeignet und apothekenpflichtig.

28 (Nein) Menthol kann bei Säuglingen zu Erstickungsanfällen führen, wenn die Salbe auf Schleimhäute aufgebracht wird, z.B. in die Nase. Auch bei großflächiger Anwendung auf Brust und Rücken sind Menthol und Campher für die zarte Haut zu stark reizend und können zu Atembeschwerden führen.

29 Bei Überdosierung (über 400 I.E./Tag) von Vitamin D_3 treten vor allem bei Kleinkindern starke Schädigungen der Nieren und Gefäße auf (Verkalkungen). Auch Vitamin A darf nicht lange Zeit überdosiert werden, da es fettlöslich ist, in der Leber gespeichert wird und zu Haut- und Schleimhautveränderungen, Schwellungen der Extremitätenknochen sowie zu Schlafstörungen führen kann.

30 Es sind Reizungen der Magen- und Darmschleimhaut sowie Allergien möglich, und bei höheren Dosierungen kann Arnikatinktur innerlich sogar Atemstillstand hervorrufen.

31 (Ja) In Anlage 1 a ist Chinawein mit Eisen als Fertigarzneimittel aufgeführt. Die übrigen Eisenpräparate (Dragees, Tonika) sind lediglich zur Vorbeugung von Eisenmangelanämie freiverkäuflich, Eisenpräparate dürfen nicht bei Eisenverwertungsstörungen angewendet werden. Sie können Magenbeschwerden und Verstopfung hervorrufen und färben den Stuhl dunkel. Mit bestimmten Antibiotika verbindet sich das Eisen und macht diese wirkungslos. Eisen verbindet sich auch mit Gerbstoffen, z. B. in Tee. Die Tagesdosis sollte 45 mg Fe^{2+} nicht überschreiten.

32 (Ja) Eine Dauereinnahme von Lakritze in größeren Mengen führt zu Ödemen, d. h. Wassereinlagerung im Gewebe (besonders im Gesicht), zu erhöhtem Blutdruck und zu Kaliummangel.

33 (Nein) Bei längerer Anwendung von mehr als 100 mg Wacholderöl täglich können Wacholderzubereitungen, die ätherisches Wacholderöl enthalten, zu Nierenreizungen führen.

34 Gegenanzeigen müssen in deutscher Sprache angegeben werden (Ileus = Darmverschluss).

35 (Ja) Bohnenschalentee und Heidelbeerblättertee sind zwar nicht blutzuckersenkend, können aber Diabetikern empfohlen werden, da sie den Kohlenhydratstoffwechsel nicht belasten und Mineralstoffe zuführen.

36 **Leinsamen quillt** durch den Schleimgehalt auf der Oberfläche des **Samens** im Darm auf und übt einen Dehnungsreiz oder Quelldruck auf die Darmwand aus, was zu verstärkter Darmbewegung führt. Der Schleim besitzt außerdem eine Gleitwirkung. **Glaubersalz** wirkt auf **osmotischem** Wege, d. h. es entzieht der Darmwand reichlich Wasser und führt so zu meist dünnflüssigem Stuhl. Bei Daueranwendung besteht die Gefahr von Kali-

umverlusten und Blutdruckerhöhung. Es ist nur für die kurzfristige Anwendung geeignet (z.B. zur Einleitung einer Fastenkur). Glaubersalz wirkt schnell, Leinsamen ist schonender und nachhaltiger.

37 Kleieprodukte müssen immer mit reichlich Flüssigkeit eingenommen werden, damit sie im Darm nicht zusammenklumpen. Es sind Fälle beschrieben, bei denen trockene Kleienester aus dem Darm herausoperiert werden mußten, die zu einem regelrechten Darmverschluss geführt hatten.

38 Unter Arzneimittelwechselwirkung versteht man die gegenseitige Beeinflussung von Arzneimitteln. Schlaf- und Beruhigungsmittel werden durch alkoholhaltige Arzneimittel in der Wirkung verstärkt. Abführmittel können die Resorption von Mineralstoffen aber auch Medikamenten (z.B. Antibabypille) vermindern. Calciumpräparate können in höheren Dosen die Wirkung bestimmter Herzmittel verstärken. Eisenpräparate und Calciumpräparate können bestimmte Antibiotika in ihrer Wirkung beeinträchtigen. Mittel gegen Magenübersäuerung können die Resorption vieler Arzneimittel beeinträchtigen.

39 Arnikablüten gehören nicht zu den apothekenpflichtigen Drogen, sind also freiverkäuflich und leider immer noch in „Herz- und Kreislauftees“ enthalten. Hier ist in der Regel die Dosis jedoch so gering, dass kein Schaden entstehen kann. Arnikablüten als Einzeldroge oder in Teemischungen, die zu einem Drittel oder Viertel aus Arnikablüten bestehen (werden in manchen Kräuterbüchern so empfohlen) können heftige Magen-Darm-Reizungen bei innerlicher Einnahme zur Folge haben.

40 (Ja) Freiverkäufliche Arzneimittel können zu einem Missbrauch führen. Beispiele: Abführmittel, Bullrichsalz, Melissengeist oder andere alkoholische Präparate, Lakritze oder Wacholderzubereitungen. Sie werden oft ohne Notwendigkeit langfristig oder zu anderen als den angegebenen Zwecken eingenommen.

41 Bei der Verwendung von Desinfektionsmitteln für Räume und Geräte können bei empfindlichen Personen Allergien oder bei falscher Verwendung Verätzungen auftreten. Es muss auf ausreichende Belüftung geachtet werden. Desinfektionsmittel dürfen nicht in die Hände von Kindern gelangen.

42 Salmiakgeist (verdünnte Ammoniaklösung) wirkt ätzend auf die Schleimhäute; daher Vorsicht bei der Anwendung. Darf nicht in die Hände von Kindern gelangen.

43 Produkte, die Salicylsäure enthalten, reizen die Schleimhäute und die Bindehaut. In höherer Dosis kommt es zur Abschälung der Haut.

44 (Ja) Solche Stoffe sind durch ein Gefahrensymbol gekennzeichnet (schwarz auf orangefarbenem Grund) und enthalten oft noch zusätzliche Hinweise. In der Gefahrstoffverordnung sind die Vorschriften genau festgelegt.

45 (Ja) Brennbare Flüssigkeiten müssen durch ein Flammensymbol und je nach Menge und Gefährlichkeit noch durch zusätzliche Hinweise gekennzeichnet sein. Diese stehen in der Gefahrstoffverordnung und in der Verordnung für brennbare Flüssigkeiten.

46 (Nein) Das ätherische Wacholderöl führt zu Nierenreizungen, insbesondere bei einer täglichen Dosis über 100 mg. Daher sollen Wacholderölkapseln nur für eine kurze Zeit, also nur kurmäßig verwendet werden.

47 (Ja) Kontraindikationen (Gegenanzeigen) für die Einnahme von Wacholderölkapseln sind Nierenerkrankungen und Schwangerschaft.

48 Arnikazubereitungen werden vornehmlich äußerlich gegen Verstauchungen, Blutergüsse, Prellungen usw. verwendet. Arnikatinktur muss vor der Anwendung verdünnt werden (1:5), da sonst Hautreizungen auftreten können. In Teemischungen zur Funktionsstärkung von Herz und Kreislauf sind Arnikablüten in geringen Mengen manchmal enthalten. (In hohen Dosen führt Arnika innerlich zu Vergiftungserscheinungen!) Ein Aufguss von Arnikablüten wird auch zum Mundspülen bei Zahnfleischentzündungen sowie zum Gurgeln bei Halsentzündung empfohlen.

49 (Nein) Arnikatinktur ist nur zum äußeren Gebrauch freiverkäuflich.
Bei der Verwendung von unverdünnter Arnikatinktur können Allergien auftreten, bei häufiger Anwendung sogar Hautentzündungen mit Blasenbildung.

50 (Ja) Jugendliche benutzen Muskatnüsse als Rauschmittel. Vorsicht, wenn größere Mengen verlangt werden, exzessiver Missbrauch kann sogar tödlich sein!

51 (1) d) Bluthochdruck, (2) f) Leberschaden.

52 b) weil die Tropfen leicht brennbar sind.

53 Nebenwirkungen im Sinne des Arzneimittelgesetzes sind:
b) unerwünschte Begleiterscheinungen, die auch bei richtiger Einnahme von Arzneimitteln auftreten können.

54 c) Diabetes ist im Alter ein weit verbreitetes Leiden.

55 e) die Droge steht in der Negativliste 1 b und ist apothekenpflichtig.

56 d) den Zeitraum zwischen der Verabreichung des Arzneimittels und der Schlachtung der Tiere.

57 (**1**) d) Krankheiten, bei denen das Arzneimittel **nicht** eingenommen werden darf
(**2**) b) Abschwächung oder Verstärkung von anderen Arzneimitteln
(**2**) e) Abschwächung der Arzneimittelwirkung durch Antazida
(**2**) f) Abschwächung der Arzneimittelwirkung durch Tee.

58 b) Nebenwirkungen können auch beim bestimmungsgemäßen Gebrauch frei verkäuflicher Arzneimittel auftreten.

59 e) alle Flaschen mit der gleichen Chargennummer aus dem Verkehr ziehen und den Hersteller benachrichtigen.

60 c) darf nicht in die Hände von Kindern gelangen.

61 b) Vitamin A
f) Vitamin D

62 d) nein, weil es die Bildung von Magensäure immer mehr anregt.

63 Folgende Stoffe sind leicht entzündlich
b) Hoffmannstropfen
e) Myrrhentinktur
f) ätherische Baldriantinktur
g) Alkohol 70 %.

64 Folgende Aussagen zu Abführmitteln sind falsch:
d) Sennesfrüchte sind freiverkäuflich
e) Leinsamen ist in geschroteter Form am besten wirksam bei Darmträgheit.

65 d) Melissengeist

66 a) Baldrianwurzeln, Hopfenzapfen, Melissenblätter und Passionsblumenkraut sind gut wirksam gegen Schlaflosigkeit ist **falsch**.

67 c) viele ältere Kunden nehmen mehrere verordnete Arzneimittel ein, so dass Wechselwirkungen mit freiverkäuflichen Arzneimitteln möglich sind

d) auch auf Gegenanzeigen: „nicht anwenden bei“ ist bei älteren Kunden eher zu achten

68

a) Quellwirkung	a) Leinsamen
b) Gleitwirkung	b) Paraffinöl
c) reizende Wirkung auf den Dünndarm	c) Rizinusöl
d) osmotische Wirkung	d) Glauber- und Bittersalz

7. Vorschriften des Arzneimittelrechts und der Werbung auf dem Gebiet des Heilwesens

Antworten zu Punkt 7 der Prüfungsanforderungen: „Es ist festzustellen, ob der Prüfungsteilnehmer die für freiverkäufliche Arzneimittel geltenden Vorschriften des Arzneimittelrechts und des Rechts der Werbung auf dem Gebiete des Heilwesens kennt.

1 Das zur Zeit gültige Arzneimittelgesetz ist 1976 verkündet worden und 1978 in Kraft getreten (AMG 1976). Es ist bis 2011 durch 15 Änderungsgesetze ergänzt bzw. novelliert worden (letzte Änderung ist die 15. Arzneimittel-Novelle, und es ist mit weiteren Novellierungen zu rechnen). Der Zweck des Gesetzes ist unter anderem für die Qualität, Wirksamkeit und Unbedenklichkeit von Arzneimitteln zu sorgen. Es dient somit der Sicherheit im Verkehr mit Arzneimitteln.

2 Vor dem jetzt gültigen Arzneimittelgesetz galt das erste AMG aus dem Jahr 1961, davor die Kaiserliche Verordnung aus dem Jahr 1901.

3 Das zur Zeit gültige Heilmittelwerbegesetz ist im Jahre 1994 erlassen, am 26. April 2006 geändert und in der heute gültigen Fassung verabschiedet worden.

4 **Arzneimittel** im Sinne des Arzneimittelgesetzes sind Stoffe und Zubereitungen aus Stoffen, die dazu bestimmt sind, durch Anwendung am oder im menschlichen oder tierischen Körper:

1. Krankheiten, Leiden, Körperschäden oder krankhafte Beschwerden zu **heilen,** zu **lindern,** zu **verhüten** oder zu **erkennen**
2. die Beschaffenheit, den Zustand oder die Funktion des Körpers oder seelische Zustände erkennen zu lassen oder zu beeinflussen

3. vom menschlichen oder tierischen Körper erzeugte Wirkstoffe oder Körperflüssigkeiten zu ersetzen oder
4. Krankheitserreger, Parasiten oder körperfremde Stoffe abzuwehren, zu beseitigen oder unschädlich zu machen.

Es gibt aber auch Gegenstände, die als Arzneimittel gelten (sogenannte fiktive Arzneimittel), oder Stoffe und Zubereitungen, die ohne am menschlichen oder tierischen Körper angewendet zu werden, ebenfalls als Arzneimittel gelten (vgl. hierzu die Antworten Nr. 1 und 4 im 1. Wissensgebiet).

Stoffe im Sinne des AMG sind:

1. chemische Elemente und chemische Verbindungen sowie deren natürlich vorkommende Gemische und Lösungen
2. Pflanzen, Pflanzenteile und Pflanzenbestandteile in bearbeitetem oder unbearbeitetem Zustand
3. Tierkörper, auch lebende Tiere sowie Körperteile, -bestandteile und Stoffwechselprodukte von Mensch und Tier in bearbeitetem oder unbearbeitetem Zustand
4. Mikroorganismen einschließlich Viren sowie deren Bestandteile oder Stoffwechselprodukte (vgl. hierzu die Antwort Nr. 8 im 1. Wissensgebiet).

Fertigarzneimittel sind Arzneimittel, die **im Voraus** hergestellt und in einer zur Abgabe an den Verbraucher bestimmten Verpackung in den Verkehr gebracht werden. (Vgl. hier die Antworten Nr. 2 im 1. Wissensgebiet und Nr. 21 und 31 im 5. Wissensgebiet.)

Freiverkäufliche Arzneimittel erkennt man an dem Fehlen des Aufdruckes „apothekenpflichtig" oder „verschreibungspflichtig".

5 Unter **Herstellen** von Arzneimitteln versteht das Arzneimittelgesetz das Gewinnen, das Anfertigen, das Zubereiten, das Be- und Verarbeiten, das **Umfüllen,** einschließlich **Abfüllen,** das **Abpacken** und **Kennzeichnen.** (Für die stärker gedruckten Begriffe benötigt der sachkundige Einzelhändler keine Herstellungserlaubnis, sofern er Arzneimittel in unveränderter Form unmittelbar an den Verbraucher weitergibt.)

6 Eine Charge ist die jeweils in einem einheitlichen Herstellungsgang erzeugte Menge eines Arzneimittels.

7 Ein Einzelhändler ist dann pharmazeutischer Unternehmer, wenn er ein Arzneimittel aus einem größeren Gebinde in ein zur Abgabe an den Verbraucher bestimmtes Behältnis abfüllt (z.B. Baldriantinktur, Kamillenblüten, Glaubersalz) und **unter seinem Namen** in den Verkehr bringt. Der pharmazeutische

Unternehmer trägt die Verantwortung für die einwandfreie Qualität und ordnungsgemäße Kennzeichnung des betreffenden Arzneimittels.

8 Wenn ein Lohnhersteller (= Auftragshersteller) für ein Einzelhandelsgeschäft Drogen im Voraus abfüllt und der Einzelhändler die Drogen unter seinem Namen (oder dem Namen des Einzelhandelsgeschäftes) in den Verkehr bringt, ist der Einzelhändler der pharmazeutische Unternehmer. Er trägt die Verantwortung und haftet für auftretende Arzneimittelschäden (Gefährdungshaftung).

9 Der **Ersatzpflichtige**, also bei zugelassenen Arzneimitteln der Pharmazeutische **Unternehmer** oder bei Arzneimitteln, die durch Rechtsverordnung von der Zulassung befreit worden sind (z. B. bei Standardzulassungen nach § 36 AMG) der **Einzelhändler**, haftet im Falle der Tötung oder Verletzung bis zu 600.000 Euro oder bis zu einem Rentenbetrag von jährlich 36.000 Euro. Bei Tötung oder Verletzung mehrerer Menschen ist der Höchstbetrag gemäß § 88 AMG 120 Millionen Euro oder ein Rentenbetrag von jährlich 7,2 Millionen Euro.

10 Verstöße gegen § 8 (Verbote zum Schutz vor Täuschung) liegen z. B. dann vor, wenn **verdorbene** Arzneimittel in den Verkehr gebracht werden, wenn **Wirkungen versprochen** werden, die das Arzneimittel nicht hat, wenn ein **Erfolg garantiert** (häufig der Fall bei Schlankheitsmitteln) oder fälschlich der Eindruck erweckt wird, dass das Mittel **bedenkenlos** und über lange Zeit eingenommen werden kann, ohne schädliche Wirkungen hervorzurufen (z. B. alkoholhaltige Arzneimittel wie Melissengeist). Eine Täuschung liegt aber auch dann vor, wenn das Mittel unter **irreführender Bezeichnung** in den Verkehr gebracht wird (z. B. als „Ginseng-Tonikum" bezeichnet wird, obwohl Ginseng gar nicht als Hauptbestandteil, sondern nur in geringer Menge enthalten ist), oder wenn das **Behältnis** über die **Qualität** des Arzneimittels **hinwegtäuscht** (z. B. wenn verfärbte bzw. verblasste Drogen in grüne Cellophantüten abgefüllt werden).
Es ist ebenfalls als Täuschung anzusehen und verboten, Arzneimittel nach **Ablauf des Verfalldatums** in den Verkehr zu bringen.

11 Der Einzelhändler mit Sachkenntnis bedarf **keiner Herstellungserlaubnis** für das **Umfüllen, Abpacken** oder **Kennzeichnen** von Arzneimitteln zur Abgabe in **unveränderter Form** unmittel-

bar an den Verbraucher. Er darf einzelne Drogen (z. B. Kamillenblüten, Leinsamen, Pfefferminzblätter) abpacken, er darf Baldriantinktur, Arnikatinktur (sowie zahlreiche Stoffe und Zubereitungen der Anlage 1 a) abfüllen bzw. verpacken und schließlich die Gefäße bzw. Tüten beschriften. Jegliches **Verändern** von Arzneimitteln (z. B. Verdünnen, Mischen sowie Bearbeiten, d. h. Schroten, Pulverisieren) ist ihm **untersagt**.

12 Fertigarzneimittel mussten vom Hersteller bei der Bundesbehörde in Berlin, heute beim Bundesinstitut für Arzneimittel und Medizinprodukte (BfArM) in Bonn, zugelassen werden, was sehr aufwändig und teuer ist. Dies bleibt dem Hersteller erspart, wenn es für das betreffende Arzneimittel eine **Standardzulassung** gibt, d. h. wenn das Arzneimittel von der **Einzelzulassung befreit** ist. Mit Hilfe der Standardzulassung kann auch der sachkundige Einzelhändler Fertigarzneimittel herstellen. In der Standardzulassung ist für jedes einzelne Arzneimittel das Behältnis und die Beschriftung vorgeschrieben (Fertigarzneimittel müssen nach § 10 und § 11 gekennzeichnet sein).
Entsprechende Etiketten mit der korrekten Beschriftung sind im Handel erhältlich.

13 Arzneimittel mit der Ermächtigung nach § 36 AMG für die Standardzulassung sind die meisten bekannten und gängigen **Einzeldrogen** und viele **Teemischungen** (Beruhigungstees, Blasen- und Nierentees, Brusttees, Erkältungstees, Husten- und Bronchialtees, Magen- und Darmtees sowie viele **Arzneimittel** der **Anlage 1 a**, z. B. Arnikatinktur, Baldriantinktur, Campherspiritus, verdünnter Alkohol, Milchzucker, Pfefferminzöl, Zinksalbe). Eine Liste aller **Standardzulassungen** ist in dem Buch: Fresenius/Niklas/Schilcher: **„Freiverkäufliche Arzneimittel"** 7. Aufl. 2010 auf den Seiten 94 + 95 nachzulesen.

14 Apothekenpflichtig sind die Pflanzen der Anlage 1 b, z. B. Tollkirsche, Goldregen, Aloe, Sennesblätter, Fingerhut, Maiglöckchen, Sennesblätter, Faulbaumrinde usw.

15 Apothekenpflichtige **Darreichungsformen** sind: Injektionen, Infusionen, Zäpfchen zur rektalen Anwendung, Implantate, Wundstäbchen, Aerosole mit Teilchen unter 5 µm (z. B. Asthmasprays).
Wirkungen, die die Freiverkäuflichkeit von Arzneimitteln ausschließen sind: antibiotische, blutgerinnungsverzögernde, histaminwidrige, hormonartige Wirkungen sowie Wirkungen auf das vegetative Nervensystem (Sympathikus, Parasympathikus).

16 Im **Reisegewerbe** dürfen einige wenige **Fertigarzneimittel** vertrieben werden und zwar ausschließlich:

1. fertig verpackte **Einzeldrogen** (nicht Teemischungen), deren Wirkungen allgemein bekannt sind und die mit ihrem verkehrsüblichen **deutschen** Namen bezeichnet sind (z.B. Lindenblüten, Kamillenblüten, Baldrianwurzeln).
2. Presssäfte aus frischen Pflanzen (nicht Mischungen von Pflanzen), als Lösungsmittel darf höchstens Wasser verwendet worden sein, die Wirkung muss allgemein bekannt, und sie müssen mit dem verkehrsüblichen **deutschen** Namen bezeichnet sein (z.B. Baldriansaft, Knoblauchsaft, Artischockensaft).
3. Natürliche und künstliche Heilwässer und deren Salze (aber **nicht** als Tabletten oder Pastillen!).

Ohne Sachkenntnis dürfen im Einzelhandel alle Arzneimittel im Sinne des § 2 Abs. 2 Nr. 2–4 vertrieben werden. Darunter fallen z.B. Desinfektionsmittel zur Raum- und Gerätedesinfektion (Sagrotan, Lysoform).

Ferner dürfen folgende Fertigarzneimittel **ohne** Sachkenntnis im Einzelhandel vertrieben werden:

- Arzneimittel, die im Reisegewerbe abgegeben werden dürfen
- Mittel zur Verhütung von Schwangerschaft und Geschlechtskrankheiten (Vaginaltabletten, Vaginalgel)
- ausschließlich zum äußeren Gebrauch bestimmte Desinfektionsmittel, z.B. Alkohol, Detergenzien (= waschaktive Substanzen)
- Arzneimittel zur Anwendung an Heimtieren (Zierfische, Zier- und Singvögel, Brieftauben, Terrarientiere und Kleinnager, Achtung: Hasen und Kaninchen zählen **nicht** zu den Kleinnagern! Sie zählen ebensowenig zu den Heimtieren wie Hunde und Katzen!)

17 Alle freiverkäuflichen Arzneimittel dürfen im Einzelhandel durch Selbstbedienung in den Verkehr gebracht werden, wenn eine Person, die die Sachkenntnis nach § 50 besitzt, zur Verfügung steht.

18 Im Deutschen Arzneibuch (DAB), im Europäischen Arzneibuch (Ph. Eur. 6. Ausgabe) und Deutschen Arzneimittel-Codex (DAC) ist die Qualität, Prüfung, Bezeichnung, Herstellung, Lagerung von Arzneimitteln mit Gesetzeskraft geregelt. Das heißt, das DAB ist für alle verbindlich, die mit Arzneimitteln handeln oder Arzneimittel herstellen.

19 In der Bundesrepublik Deutschland sind zur Zeit das Deutsche Arzneibuch und das Europäische Arzneibuch gültig. (Für homöopathische Arzneimittel gilt das Homöopathische Arzneibuch (HAB 1). Das DAB wird jedes Jahr neu aufgelegt. Zur Zeit ist das DAB 2011 gültig.

20 Die Überwachung des Einzelhandels mit freiverkäuflichen Arzneimitteln wird von den Behörden durchgeführt, die in den einzelnen Bundesländern für das Gesundheitswesen zuständig sind. In der Regel sind dies die Regierungspräsidien oder Bezirksregierungen, in den Stadtstaaten der Senat (Gesundheits-Senatoren).

21 Die hinterlassene versiegelte Gegenprobe kann der Einzelhändler bei einem von der Überwachungsbehörde zugelassenen **Sachverständigen** (Gegengutachter) auf eigene Kosten untersuchen lassen und das Gegengutachten im Falle einer Beanstandung als Gegenbeweis verwenden. Er kann die Gegenprobe aber auch dem Hersteller senden, der ebenfalls nur durch einen zugelassenen Sachverständigen die Probe für eine Untersuchung öffnen lassen darf. Weder Einzelhändler noch Hersteller dürfen eine versiegelte Gegenprobe öffnen.

22 Die Aufnahme des Einzelhandels mit freiverkäuflichen Arzneimitteln ist der jeweils zuständigen Landesbehörde **vorher** anzuzeigen. In den einzelnen Bundesländern sind unterschiedliche Behörden als „zuständig" benannt worden (z.B. Regierungspräsidien; in Berlin der Senator für Gesundheit; Bezirksregierungen; Landkreise und kreisfreie Städte). Der Einzelhändler muss sich vorher erkundigen, wer für ihn zuständig ist.

23 Im Arzneimittelgesetz ist z.B. geregelt: der Arzneimittelbegriff, der Stoffbegriff, Verbot bedenklicher Arzneimittel, Verbote zum Schutz vor Täuschung, Kennzeichnung der Fertigarzneimittel, Herstellungserlaubnis, Freiverkäufliche Arzneimittel (§ 44 und § 45), Einschränkung der Freiverkäuflichkeit (§ 46), Standardzulassung, Sachkenntnis, Reisegewerbe, Arzneibuch, Gefährdungshaftung, Strafvorschriften.
Im Heilmittelwerbegesetz ist die Werbung auf dem gesamten Gebiet des Heilwesens geregelt.

24 (Ja) Durch die vorgeschriebene Chargenbezeichnung kann der Hersteller eine bereits an den Handel ausgelieferte Charge, bei der nachträglich Qualitätsmängel festgestellt werden, aus dem Verkehr ziehen. Außerdem können die zuständigen Gesund-

heitsbehörden oder die Apothekerkammern oder das refo-Arzneimittel-Sicherheitssystem den Rückruf von Arzneimitteln veranlassen.

25 Ordnungswidrigkeiten können nach § 97 AMG 76 mit einer Geldbuße bis zu 25.000 Euro geahndet werden.

26 Der sachkundige Einzelhändler darf solche Drogen und Teemischungen im Voraus abfüllen, für die es eine **Standardzulassung** gibt. Sie sind von der Einzelzulassung befreit und haben von der Bundesbehörde eine Zulassungsnummer bekommen, sind also Fertigarzneimittel.

27 (Ja) Er darf Einzeldrogen und viele Arzneimittel der Anlage 1 a (z. B. Tinkturen, ätherische Öle, Glaubersalz, Mandelöl) auch auf Verlangen eines Kunden abfüllen (= keine Fertigarzneimittel). Es ist dann **nicht** die komplette Kennzeichnung nach § 10 und § 11 vorgeschrieben. Siehe Frage 23 in Kap. 5.

28 Sachkenntnis bedeutet, die Bestimmungen des Arzneimittelgesetzes und des Heilmittelwerbegesetzes zu kennen (s. Antwort 23). Nach bestandener Sachkenntnisprüfung kann ich Arzneimittel ordnungsgemäß **herstellen** (abfüllen, abpacken in unveränderter Form), **prüfen** (soweit möglich), **kennzeichnen**, **lagern**, **in Verkehr bringen**. Ich kenne mich im Sortiment freiverkäuflicher Arzneimittel aus und weiß über die **Gefahren** beim unsachgemäßen Umgang Bescheid.

29 Arzneispezialitäten, die bereits vor der Verkündung des Arzneimittelgesetzes, also vor 1976 in Verkehr waren, galten bis zum 31. Dezember 1989 als zugelassen. Spätestens dann mussten sie zur Nachzulassung bei der Bundesbehörde in Berlin bzw. beim Bundesinstitut für Arzneimittel und Medizinprodukte (BfArM) in Bonn angemeldet worden sein. Unter „Nachzulassung" versteht man praktisch eine neue Zulassung als „Fertigarzneimittel". Die Registernummer des AMG 1961 wird durch die Zulassungsnummer ersetzt. Bis zur Entscheidung war die Arzneispezialität verkehrsfähig.

30 Eine Herstellungserlaubnis braucht derjenige, der Arzneimittel zum Zwecke der Abgabe an andere herstellen will. Die Herstellungserlaubnis wird nur Personen erteilt, die ein abgeschlossenes Hochschulstudium (z. B. der Pharmazie, Chemie) sowie praktische Erfahrungen in der Herstellung von Arzneimitteln haben. Dies ist wichtig für **Firmen**, die Arzneimittel herstellen.

- Der Apotheker hat automatisch eine Herstellungserlaubnis für Arzneimittel, die er im üblichen Apothekenbetrieb herstellt.
- Der sachkundige Einzelhändler hat **automatisch** die Herstellungserlaubnis für das **Ab-** und **Umfüllen**, das **Abpacken** und **Kennzeichnen** von Arzneimitteln in **unveränderter Form** (Abgabe unmittelbar an den Verbraucher).

31 Fertigarzneimittel, die nach dem 1. Januar 1978 zugelassen worden sind, tragen eine Zulassungsnummer (Zul.-Nr.). **Traditionell angewendete** Arzneimittel hatten bis 2011 auch eine Zulassungsnummer gemäß § 109a AMG. Nach der Erfüllung der Forderungen des § 39a–d AMG erhalten diese Arzneimittel ab 2011 eine Registriernummer.

32 Die Arzneimittelwarnhinweisverordnung gilt unter anderem für bestimmte Arzneimittel, die **Alkohol** enthalten. So muss auf dem Behältnis, der äußeren Umhüllung und auf der Packungsbeilage angegeben sein, wieviel Vol.-%-Alkohol enthalten sind. Dies gilt vor allem für Tropfen, Tonika, Arzneiweine, Melissengeist, Tinkturen usw.

33 Alle Arzneimittel, die ohne Sachkenntnis im Einzelhandel vertrieben werden dürfen, können auch durch Automaten in den Verkehr gebracht werden, mit Ausnahme der Arzneimittel zur Anwendung an Heimtieren. (Siehe dazu Antwort zu Frage 16.)

34 Durch das **Heilmittelwerbegesetz** wird die Werbung auf dem Gebiete des Heilwesens geregelt. Davon sind folgende Mittel betroffen:

1. **Alle Arzneimittel,** die in § 2 des Arzneimittelgesetzes aufgeführt sind, also Heilmittel, Vorbeugungsmittel, Diagnostika usw.
2. **Andere Mittel,** Verfahren, Behandlungen und Gegenstände, aber nur dann, wenn damit geworben wird, dass sie Krankheiten, Leiden, Körperschäden **beseitigen** oder **lindern** oder **erkennen** lassen. (Z.B. eine Massagebehandlung oder eine Rheumadecke zur Linderung von rheumatischen Beschwerden oder ein Gerät zur Erkennung von hohem Blutdruck.) Eine Zahncreme zur **Verhütung** von Karies fällt demnach nicht unter das Heilmittelwerbegesetz.

35 Der Einzelhändler muss die Bestimmungen des Heilmittelwerbegesetzes beachten, wenn er selbstständig Werbung für Arzneimittel betreibt, z.B. durch eigene Inserate in der Zeitung, Plakate, Schaufensterdekorationen, Werbezettel usw. Dies gilt

auch, wenn der Einzelhändler Werbematerial pharmazeutischer Unternehmer verwendet!

36 Publikumswerbung richtet sich an den Verbraucher; es handelt sich hier um Werbung „außerhalb der Fachkreise“. Falls sich Werbung für freiverkäufliche Arzneimittel an den Einzelhändler richtet, zählt dies zur Werbung „innerhalb der Fachkreise“ (z.B. Werbung in Fachzeitschriften, die nicht für den Verbraucher bestimmt sind).

37 Beispiele für **irreführende** Werbung:
- es werden Wirkungen versprochen, die das Mittel oder das Verfahren nicht haben (dies ist der Fall bei so genannten „Wundermitteln“, bei denen die Heilung der verschiedensten Krankheiten versprochen wird, aber auch bei vielen anderen Mitteln mit ungesicherter Wirkung)
- der Erfolg wird garantiert (z.B. bei Schlankheitsmitteln: „in 10 Tagen garantiert um 20 Pfund leichter“)
- es wird fälschlich der Eindruck erweckt, dass das Mittel nicht schadet (z.B. wenn starke Abführmittel als „Darmpflegemittel“ bezeichnet werden und der Patient dadurch zu regelmäßiger Einnahme verleitet wird)
- es werden unwahre Angaben über die Zusammensetzung gemacht (z.B. ein Mittel wird als „Ginsengtonikum“ bezeichnet, obwohl kaum Ginseng enthalten ist)
- es werden Erfolge des Herstellers berichtet, die unwahr sind oder es wird fälschlich behauptet, das Mittel sei von „Professor XY“ oder einer anderen, besonders befähigten Persönlichkeit entwickelt worden
- es wird fälschlich der Eindruck erweckt, dass die Werbung nicht zu Zwecken des Wettbewerbs dient (z.B. das Wort „Anzeige“ wird bei einem Werbeartikel weggelassen, der in einer Kundenzeitschrift abgedruckt ist).

38 Die Werbung auf einem Plakat oder in einer Zeitungsanzeige (Laienwerbung) muss folgende Mindestangaben enthalten:
1. die Bezeichnung des Arzneimittels
2. die Anwendungsgebiete
3. Warnhinweise, soweit sie vorgeschrieben sind.

Sofern Gegenanzeigen und Nebenwirkungen bekannt sind, muss auf dem Plakat oder in der Zeitungsanzeige bzw. in der Radio- oder Fernsehwerbung der Satz angegeben werden: „Zu Risiken und Nebenwirkungen lesen Sie die Packungsbeilage und fragen Sie Ihren Arzt oder Apotheker“.

39 Auf Nebenwirkungen wird durch den Satz hingewiesen: „Zu Risiken und Nebenwirkungen fragen Sie Ihren Arzt oder Apotheker“. Warnhinweise müssen, soweit sie vorgeschrieben sind, sowohl in der Werbung, auf der äußeren Umhüllung des Fertigarzneimittels als auch in der Packungsbeilage aufgeführt werden.

40 Die Pflichtangaben, z. B. auf einem Plakat, sind für die Publikumswerbung in Antwort 38 nachzulesen. Innerhalb der Fachkreise, d. h. bei Werbung in einer Fachzeitschrift muss zusätzlich die **Zusammensetzung** der wirksamen Bestandteile angegeben sein sowie der Name oder die Firma und der Sitz des pharmazeutischen Unternehmers.

41 Unter Erinnerungswerbung versteht man die Werbung für ein bereits allgemein bekanntes Arzneimittel, an das nur „erinnert“ werden soll. Hier dürfen **nur der Name des Arzneimittels** und evtl. der Name des pharmazeutischen Unternehmers sowie der Preis genannt werden. Die Nennung der Anwendungsgebiete ist in einer Erinnerungswerbung nicht gestattet, außer wenn sie Bestandteil des Produktnamens sind (z. B. Floradix® Kräuterblut ® mit Eisen).

42 Beispiele für eine **unzulässige** Werbung:

- Werbung (innerhalb der Fachkreise) mit Gutachten, die nicht von Fachleuten erstellt wurden, und wissenschaftlichen Veröffentlichungen, bei denen nicht genau die Literaturstelle angegeben ist. (In der Laienwerbung ist dies nicht von Bedeutung, da dort mit Gutachten und wissenschaftlichen Veröffentlichungen überhaupt nicht geworben werden darf)
- Werbegaben von größerem Wert (erlaubt sind Taschenkalender, Kugelschreiber mit Aufdruck usw.) Dies gilt auch nach dem Wegfall der Zugabeverordnung!
- Werbung für den Versand apothekenpflichtiger Mittel an Verbraucher
- Werbung für Fernbehandlung
- Werbung auf der Packungsbeilage für ein anderes Arzneimittel
- Werbung für Arzneimittel gegen Schlaflosigkeit oder zur Beeinflussung der Stimmungslage (Stimmungsaufheller)

Diese Art der Werbung ist generell unzulässig und kann mit Geldbußen bis 25.000 Euro bestraft werden.

43 (Nein) In der Publikumswerbung darf nicht mit Äußerungen Dritter oder Empfehlungsschreiben oder Hinweisen auf solche Äußerungen geworben werden.

44 (Nein) In der Publikumswerbung darf nicht mit Angaben geworben werden, dass das Mittel ärztlich oder anderweitig fachlich entwickelt oder empfohlen wurde. Auch dann nicht, wenn dies der Wahrheit entspricht und genau die Literaturstelle angegeben wird.
Solche Angaben sind nur **innerhalb der Fachkreise** erlaubt.

45 (Nein) Es dürfen nur geringwertige Kleinigkeiten oder Werbegaben, die als Zugaben zulässig sind, verteilt werden (z.B. Kugelschreiber, Taschenkalender, Kundenzeitschriften). Dies gilt auch nach dem Wegfall der Zugabeverordnung.

46 (Nein) für Mittel gegen **Schlaflosigkeit** darf überhaupt nicht geworben werden. Dies gilt auch für pflanzliche Arzneimittel, sofern in der Werbung der Eindruck erweckt wird, das Mittel könne Schlaflosigkeit beseitigen. (Angaben über beruhigende Wirkungen sind erlaubt.)

47 § 11 des HWG betrifft die Publikumswerbung. Beispiele für unzulässige Publikumswerbung:

1. eine Werbung mit Gutachten, Zeugnissen, Veröffentlichungen (sogar ein Hinweis darauf ist nicht gestattet!),
2. Angaben, dass das Mittel z.B. ärztlicherseits empfohlen wird,
3. die Wiedergabe von Krankengeschichten,
4. eine Werbung, bei der z.B. der Arzt in Berufskleidung bei der Ausübung seiner Tätigkeit oder der Einzelhändler im weißen Kittel bei der Abgabe eines Arzneimittels gezeigt wird,
5. eine Werbung, bei der bildlich der durch die Krankheit veränderte Körper oder Körperteil dargestellt wird,
6. eine Werbung, die z.B. den Körperzustand vor und nach der Behandlung mit dem entsprechenden Arzneimittel zeigt,
7. eine Werbung, bei der der Wirkungsvorgang eines Arzneimittels am menschlichen Körper oder an Körperteilen abgebildet ist,
8. eine Werbung mit unbekannten fremdsprachlichen Bezeichnungen,
9. eine Werbung mit Angaben, die Angstgefühle hervorrufen („Wenn Sie dies Mittel nicht rechtzeitig anwenden, wird unweigerlich diese oder jene schwere Krankheit auftreten"),
10. unzulässig ist auch, bei einem Werbevortrag Anschriften entgegenzunehmen,
11. eine Werbung mit Schriften zum Erkennen und zur Selbstbehandlung von Krankheiten, sofern eine Produktwerbung damit verbunden ist,

12. eine Werbung mit Dank- oder Empfehlungsschreiben oder Äußerungen Dritter,
13. eine Werbung, die sich hauptsächlich an Kinder und Jugendliche richtet,
14. eine Werbung, die mit Preisausschreiben und Verlosungen verbunden ist,
15. als unzulässige Werbung gilt auch, wenn Arzneimittelproben oder Gutscheine dafür an Kunden abgegeben werden.

48 Zur Werbung für ein Arzneimittel darf der Einzelhändler keine wissenschaftlichen Veröffentlichungen im Schaufenster ausstellen (Publikumswerbung). Er darf aber jederzeit eine solche Publikation an seinen Fachkollegen zur Information weitergeben.

49 (Nein) Es ist nicht zulässig, bei einer Werbung die Wirkung des Arzneimittels durch vergleichende Darstellung des Körperzustandes zu zeigen („vorher – nachher“).

50 (Nein) Eine solche Aussage ist geeignet, Angstgefühle hervorzurufen (siehe Antwort Nr. 47, 9.) und ist somit gemäß § 11 HWG verboten.

51 (Nein) Arzneimittelmuster und -proben dürfen überhaupt nicht an **Kunden** abgegeben werden. Muster und Proben von anderen Mitteln dürfen nur auf Verlangen abgegeben werden.

52 (Nein) Es darf nicht für Arzneimittel geworben werden, die gegen Krankheiten der Krankheitsliste (Anlage zu § 12 HWG) gerichtet sind.

53 (Ja) Für Arzneimittel zur Behebung oder Vorbeugung von Vitamin- und Mineralstoffmangel darf geworben werden (in der Krankheitsliste als Ausnahme genannt).

54 (Ja) Für Arzneimittel zur Vorbeugung von Eisenmangelanämie darf geworben werden (Blutarmut, die durch Eisenmangel hervorgerufen wurde), weil in der Krankheitsliste als Ausnahme genannt.

55 (Nein) Im freiverkäuflichen Bereich darf für Arzneimittel zur Vorbeugung von Krampfadern (Varikose) nicht geworben werden. (Die Angaben in der Werbung müssen mit denjenigen des Beipackzettels übereinstimmen!)

56 (Nein) Herzmuskelschwäche ist eine organische Krankheit des Herzens. Es dürfen laut Krankheitsliste nicht einmal vorbeugende Aussagen gemacht werden.

57 (Nein) Geschwulstkrankheiten sind in der Krankheitsliste aufgeführt. Es darf auch keinerlei Werbung hinsichtlich einer unterstützenden Wirkung bei der Behandlung von Geschwulstkrankheiten gemacht werden.

58 Im Heilmittelwerbegesetz (Anlage A zu § 12 HWG) und im Arzneimittelgesetz (Anlage 3 zu § 46 AMG) ist jeweils eine Krankheitsliste aufgeführt, die in den meisten Punkten übereinstimmen. Für den freiverkäuflichen Bereich gilt: Anwendungsgebiete, die für freiverkäufliche Arzneimittel nicht zulässig sind, dürfen auch in der Werbung nicht genannt werden (z. B. Krampfadern-„Varikose"!).

59 (Nein) Prostataentzündung ist eine organische Krankheit der Geschlechtsorgane, Prostatakrebs gehört zu den Geschwulstkrankheiten. Für die Anwendung von Arzneimitteln in dieser Richtung darf nicht geworben werden. Abgesehen davon ist eine Wirkung des Kleinblütigen Weidenröschens bei der Benignen Prostatahyperplasie (BPH) nicht gesichert.

60 (Nein) Hoher Blutdruck ist eine krankhafte Veränderung des Blutdrucks und darf in keiner Werbeaussage erscheinen. Abgesehen davon ist die Wirkung von Mistelkraut gegen hohen Blutdruck nicht gesichert.

61 Ordnungswidrig handelt, wer vorsätzlich, oder fahrlässig eine unzulässige oder irreführende Werbung betreibt oder die geforderten Angaben in einer Werbung nicht macht.
Die Geldbuße für unzulässige Werbung kann laut § 15 HWG bis zu 50.000 Euro betragen.
Die Geldbuße für irreführende Werbung kann bis zu 20.000 Euro betragen.

62 Eine ausländische Firma kann nur für ihre Produkte bei uns werben, wenn sie eine Zweigstelle im Geltungsbereich des Heilmittelwerbegesetzes oder in einem EU-Mitgliedstaat betreibt oder eine Person oder eine andere Firma damit betraut ist, die gesetzlich vorgeschriebenen Pflichten zu übernehmen. Das heißt, bei einem Verstoß gegen das Heilmittelwerbegesetz muss ein Verantwortlicher da sein, der gerichtlich belangt werden kann. Trotzdem werben ausländische Firmen bei uns oft in rechtswidriger Weise, ohne dass dagegen erfolgreich vorgegangen werden kann.

63 Pflanzen und Pflanzenteile in freiverkäuflichen Fertigarzneimitteln müssen bezeichnet sein:
a) nur mit dem verkehrsüblichen deutschen Namen.

64 Röntgenkontrastmittel sind
a) echte Arzneimittel.

65 Freiverkäufliche Arzneimittel dürfen **nicht** abgegeben werden zum
d) Beseitigen von Magengeschwüren.

66 Unter „Inverkehrbringen“ versteht man
c) Vorrätighalten von Arzneimitteln zum Verkauf
e) Anbieten von Arzneimitteln zum Verkauf.

67 Folgende Aussage entspricht **nicht** dem § 1 des Arzneimittelgesetzes:
c) das Gesetz soll dazu beitragen, Krankheiten zu erkennen und zu verhüten.

68 b) Der pharmazeutische Unternehmer (d.h. derjenige, der das Arzneimittel **unter seinem Namen** in den Verkehr gebracht hat).

69 „Pharmazeutischer Unternehmer“ ist
d) derjenige, der Arzneimittel unter seinem Namen in den Verkehr bringt.

70 f) Teufelskrallentonikum verhütet rheumatische Beschwerden.

71 Bei einer Arzneimittelwerbung im Schaufenster muss folgende Angabe gemacht werden:
e) Bezeichnung des Arzneimittels und Anwendungsgebiete (In der Publikumswerbung können Angaben über den pharmazeutischen Unternehmer sowie die Zusammensetzung, Gegenanzeigen und Nebenwirkungen des Arzneimittels entfallen. Das Verfallsdatum steht auf der äußeren Umhüllung des Arzneimittels).

72 Folgende Publikumswerbung für freiverkäufliche Arzneimittel ist zulässig
b) eine Werbung mit der Bezeichnung des Arzneimittels und seiner Wirkungen.

73 Für folgende Arzneimittel darf **nicht** in Publikumszeitschriften geworben werden
d) für Arzneimittel gegen Prostatavergrößerung und -entzündung der Prostata.

74 c) Arzneimittelproben dürfen an Kunden überhaupt nicht abgegeben werden.

75 b) Anlage 1 b führt diejenigen Pflanzen auf, die in freiverkäuflichen Arzneimitteln **nicht** enthalten sein dürfen.

76 Welcher Buchstabe gehört zu welcher Anlage?

a) Anlage 1 c	(Pflanzen für Dragees, Tabletten und Kapseln)
b) Anlage 2 a	(Stoffe und Zubereitungen für Lutschpräparate gegen Husten oder Heiserkeit)
c) Anlage 2 b	(Stoffe oder Zubereitungen für Abführmittel)
d) Anlage 2 c	(Stoffe oder Zubereitungen für Mittel gegen Hühneraugen und Hornhaut)
e) Anlagen 1 d und 1 e	(Pflanzen für lösliche Teeaufgusspulver).

77 Folgende Angabe muss bei der Publikumswerbung für ein freiverkäufliches Arzneimittel gemacht werden (alle übrigen gehören auf die Packung!):
a) Bezeichnung des Arzneimittels.

78 Folgende Angabe muss bei der Publikumswerbung für ein freiverkäufliches Arzneimittel gemacht werden (alle übrigen gehören auf die Packungsbeilage!):
c) Anwendungsgebiete.

79 Folgende Kenntnisse brauchen Sie bei der Sachkenntnisprüfung nach § 50 AMG **nicht** nachzuweisen
g) Kenntnisse über die Herstellungsmethoden der wichtigsten freiverkäuflichen Arzneimittel
e) Kenntnisse über den Nachweis von Drogeninhaltsstoffen.

80 Folgende Werbemethoden sind für Arzneimittel **nicht** erlaubt?
d) Organisation von Kaffeefahrten
e) Ausschank eines Arzneitonikums als „Geschmacksprobe“ in Ihrem Geschäft
f) Anbieten von unverkäuflichen Mustern durch Selbstbedienungskörbchen neben der Kasse.

81 Folgende Werbemethode für freiverkäufliche Arzneimittel sind erlaubt
a) Auslegen von Werbezetteln im Geschäft
e) Werbung für den Bezug von freiverkäuflichen Arzneimitteln im Versandhandel.

82 Folgende Angaben darf eine Erinnerungswerbung enthalten
b) Name des Arzneimittels und Preis
c) Name des Arzneimittels und Firma.

83 b) Sie müssen regelmäßig die Arzneimittel, auch in Hinblick auf das Verfalldatum, kontrollieren
f) Sie müssen bei „losen" Arzneidrogen eine Identitätsprüfung vornehmen.

84 c) In den gültigen Arzneibüchern wie DAB, Ph. Eur. etc. findet man eine Sammlung anerkannter pharmazeutischer Regeln über die Qualität, Prüfung, Lagerung, Abgabe und Bezeichnung von Arzneimitteln (z.B. von Drogen).

85 Für welche Arzneimittel darf außerhalb der Fachkreise keine Werbung gemacht werden?
a) Arzneimittel zur Vorbeugung von Krampfadern
d) Tabletten gegen hohen Blutdruck
e) Tee gegen Magengeschwüre
f) Schlaftabletten
(Beachte: obwohl in der Krankheitsliste (Negativliste) des Heilmittelwerbegesetzes die Krampfadern ausdrücklich ausgenommen sind, dürfen Sie für **freiverkäufliche** Arzneimittel trotzdem **keine** Werbung „zur Vorbeugung von Krampfadern" machen, da die Werbeaussagen mit den erlaubten Aussagen der **Packungsbeilage** übereinstimmen müssen!! Vgl.: Krankheitsliste im AMG! D.h. nur für apothekenpflichtige Arzneimittel darf zur Vorbeugung von Krampfadern geworben werden.

86 Folgende Tätigkeiten werden als „Herstellen" im Sinne des Arzneimittelgesetzes verstanden
b) Abfüllen von Baldriantinktur
f) Abpacken von Dragees
(Vorsicht bei Frage a: nicht **Aus**zeichnen sondern **Kenn**zeichnen gehört zum Begriff „Herstellen"!)

87 In folgende Gruppen werden Arzneimittel gemäß Arzneimittelgesetz eingeteilt
d) frei verkäuflich, apothekenpflichtig, verschreibungspflichtig.

88 c) am 01.01.1978 trat das Arzneimittelgesetz, das am 01.09.1976 verkündet worden ist, in Kraft.

89 Gegen welche Krankheiten dürfen sie Arzneimittel verkaufen?
c) Magenübersäuerung
f) Magenschleimhautentzündung.

90 Folgende Darreichungsformen sind immer apothekenpflichtig
d) Injektionen
e) Infusionen.

91 Nach § 44 des Arzneimittelgesetzes sind folgende aus Pflanzen hergestellte Produkte als „Heilmittel“ freiverkäuflich
e) Mischungen aus Pflanzenteilen als Fertigarzneimittel.

92 Folgende Voraussetzung ist nach § 50 Arzneimittelgesetz vom Einzelhändler zu erfüllen, wenn er selbst Arzneimittel abfüllen, d.h. herstellen will:
b) Sachkundenachweis für freiverkäufliche Arzneimittel.

93 d) Sie persönlich sind für den Schaden haftbar, weil Sie keine Identitätsprüfung vorgenommen haben.

Anhang

Bewährte Heilkräuter zur Selbstmedikation, geordnet nach Indikationen

Die Indikationen entsprechen im Wesentlichen denjenigen der **Monographien der Kommission E** und von **ESCOP** (European Scientific Cooperative on Phytotherapy) zur Aufbereitung wissenschaftlichen Erkenntnismaterials nach § 25 (7) AMG 1976 bzw. der **Standardzulassung** gemäß § 36 AMG 1976.

1. Arzneipflanzen gegen Beschwerden im Magen- und Darm-Trakt

a) **Appetitlosigkeit,** zu wenig Magensäure:
Enzianwurzel, Isländisch Moos, Kalmuswurzelstock, Pomeranzenschale, Schafgarbenkraut, Tausendgüldenkraut, Wermutkraut,

b) **Dyspeptische Beschwerden,** (die Mahlzeit liegt „wie ein Stein im Magen“)
Bitterstoffdrogen wie unter a) genannt, dazu Ätherischöldrogen wie Anis, Fenchel, Kümmel, Salbei, Wacholderbeeren, am besten als Kombination (= aromatische Bittermittel),

c) **Entzündliche Erkrankungen** im Magen-Darm-Bereich:
Eibischwurzel, Kamillenblüten, Leinsamenschleim,

d) **Nervöse Magen-Darm-Beschwerden:**
Lavendelblüten, Melissenblätter,

e) **Krampfartige Beschwerden** im Magen-Darm-Bereich, Blähungen:
Fenchel und Fenchelöl, Gänsefingerkraut, Kamillenblüten, Kümmel und Kümmelöl, Pfefferminzblätter und Pfefferminzöl bzw. Minzöl, Schafgarbenkraut,

f) **Durchfall,** kurzfristig:
Blutwurz (Tormentillwurzelstock), Gänsefingerkraut, Heidelbeeren, Schwarzer und Grüner Tee,

g) **Verstopfung:**
Aloe, Faulbaumrinde, Rhabarberwurzel, Sennesblätter, Sennesfrüchte (alle apothekenpflichtig!),

h) **Chronische Darmträgheit:**
Flohsamen, Leinsamen, Manna (als Manna-Feigensirup), Tamarindenmus.

2. Arzneipflanzen gegen Leber- und Gallebeschwerden

a) **Entzündliche Lebererkrankungen:** (Arzt! Apotheke!)
Extrakte aus Mariendistelfrüchten (in hochdosierten Präparaten: Beschleunigung der Zellregeneration),

b) **Störung des Gallenflusses:**
Artischockenblätter und -wurzeln (als Presssaft), Gelbwurz (Curcuma), Löwenzahnwurzel mit -kraut, Wermutkraut,

3. Arzneipflanzen gegen Beschwerden im Urogenitaltrakt (Nieren- und »Blasenmittel«)

a) **Zur Durchspülung der ableitenden Harnwege:**
Birkenblätter, Bohnenhülsen, Brennnesselkraut, Goldrutenkraut (insbesondere „echte" Goldrute von Solidago virgaurea), Orthosiphonblätter (= Indischer Nierentee), Petersilienkraut und -wurzeln, Wacholderbeeren (in Kombination mit anderen Drogen),

b) **Entzündliche Erkrankungen der ableitenden Harnwege:**
Bärentraubenblätter (Arzt!),

c) **Zur Stärkung der Blasenfuktion,**
insbesondere bei Reizblase und Prostata-Adenom, Stadium I: Brennnesselwurzel, Kürbissamen (weichschalige), Zwergpalmenfrüchte, Weidenröschenkraut,

4. Arzneipflanzen gegen Erkältungskrankheiten

a) **Zur Steigerung der unspezifischen Abwehrfunktion**
(z.B. der Phagozytose):
Sonnenhutkraut, insbesondere Echinacea purpurea,

b) **Trockener Reizhusten:**
Eibischwurzel und -blätter, Isländisch Moos, Lindenblüten, Malvenblüten und -blätter,

c) **Katarrhe der Luftwege**
(Erleichterung des Abhustens):
Anis, Eukalyptusblätter und -öl, Fenchel, Huflattichblätter, Primelwurzel und -blüten, Süßholzwurzel, Thymiankraut, Wollblumen (Königskerzenblüten),

d) **Entzündungen der Mund- und Rachenschleimhaut:**
Blutwurz (Tormentillwurzelstock), Huflattichblätter, Kamillenblüten, Salbeiblätter, Spitzwegerichkraut,

e) **Fieberhafte Erkältungskrankheiten:**
Holunderblüten, Lindenblüten (als schweißtreibende Tees), Weidenrinde,

5. Arzneipflanzen gegen Herz- und Kreislaufbeschwerden

a) **Druck-und Beklemmungsgefühl in der Herzgegend:**
Weißdornblätter mit Blüten, Weißdornblätter mit Blüten und Früchten,

b) **Kreislaufbeschwerden:**
Rosmarin,

6. **Arzneipflanzen gegen Beschwerden des Gefäßsystems** (Venen- und Arterienmittel)
   a) **Funktionsstörungen der Venen und Kapillaren** (Ödeme), insbesondere gegen die chronisch venöse Insuffizienz (CVI): Buchweizenkraut (Präparate), Mäusedornwurzel = Ruscus (Präparate), Rosskastaniensamen (Präparate), Steinkleekraut,
   b) **Durchblutungsstörungen der Gehirnarterien:** Ginkgo-biloba-Blätter (Präparate),
   c) **Allgemeine Arteriosklerose** (Prophylaxe): Buchweizenkraut (Präparate), Knoblauch (Präparate),
7. **Arzneipflanzen gegen Beschwerden und zur Stärkung des Nervensystems**
   a) **Unruhezustände, nervös bedingte Einschlafstörungen:** Baldrianwurzel, Hopfenzapfen, Melissenblätter, Passionsblumenkraut,
   b) **Depressive Verstimmungszustände:** Johanniskraut, Wechselwirkungen beachten!
   c) **Nachlassende Leistungs- und Konzentrationsfähigkeit:** Eleutherococcuswurzel, Ginsengwurzel,
   Angstzustände: Ätherisches Lavendelöl,
8. **Arzneipflanzen zur Behandlung von Wunden und unblutigen Verletzungen**
   a) **Haut- und Schleimhautentzündungen:** Hamamelisblätter, Johanniskraut (-öl), Kamillenblüten, Ringelblumenblüten,
   b) **Prellungen, Zerrungen, Verstauchungen:** Arnikablüten, Beinwellwurzeln,
9. **Arzneipflanzen zur unterstützenden Behandlung bei Tumorerkrankungen (keine Selbstmedikation!)** Mistel (Injektionspräparate); (Arzt!),
10. **Arzneipflanzen und Stoffe zur Behandlung rheumatischer Beschwerden:**
    innerlich: Birkenblätter, Brennesselkraut, Teufelskrallenwurzel, Weidenrinde
    äußerlich: Arnika, Chilipfeffer, Campher, Fichtennadelöl, Menthol, Rosmarin- und Wacholderspiritus.

Sachregister

Y

Z